UN ELEFANTE EN LA HABITACIÓN FINANCIERA

UN ELEFANTE EN LA HABITACIÓN FINANCIERA

La guía que tu cuenta bancaria necesitaba (y tú también)

Cristina Campabadal

Papel certificado por el Forest Stewardship Council®

MIXTO
Papel
FSC® C117695

Penguin Random House Grupo Editorial

Primera edición: abril de 2026

Printed in Spain – Impreso en España

ISBN: 978-84-666-8413-2
Depósito legal: B-2.549-2026

Compuesto en Llibresimes

Impreso en Gómez Aparicio, S. L.
Casarrubuelos (Madrid)

BS 8 4 1 3 2

A todas las personas que me han inspirado a lo largo de mi vida y mi carrera tanto en el extranjero como en mi país.

A mi familia, amigos y clientes por abrirme los ojos a realidades que transforman.

Y a ti, que me lees, porque el mundo necesita mentes libres, conscientes y con propósito; y la educación financiera es un puente hacia la LIBERTAD

ÍNDICE

Aviso legal

Este libro no constituye una recomendación de inversión. Su contenido tiene fines exclusivamente educativos e informativos, y no sustituye al asesoramiento financiero profesional personalizado. Las decisiones financieras deben tomarse considerando la situación particular de cada persona y con el apoyo de profesionales cualificados.

Ni la autora ni los editores serán responsables de cualquier resultado directo o indirecto derivado del uso de la información aquí contenida.

Todos los nombres mencionados en este libro son ficticios.

1

CARTA A TI, LECTOR

Quiero empezar explicándote qué me ha llevado a escribir este libro de tema financiero. Mi propósito es ayudar a las personas que no han estudiado finanzas ni se han dedicado al mundo de las inversiones para que puedan, de una manera fácil, cercana y lo más sencilla posible, entender conceptos financieros básicos y sus finanzas personales, así como coger las riendas de su economía.

Como verás a lo largo de estas páginas, no «iré de lista» ni utilizaré tecnicismos complicados. Mi intención no es demostrar nada a nadie. Lo único que me importa es que se me entienda, así que te hablaré como si me dirigiera a un buen amigo o amiga.

Mi mayor deseo es que todas las personas podamos hablar de dinero abiertamente, tengamos mucho o poco, y sin tabúes ni vergüenza. Y el segundo deseo más importante para mí es que pierdas el miedo al dinero y tomes mejores decisiones a la hora de ahorrar.

Me gustaría que, cuando termines de leer este libro, te conozcas en lo que al dinero y a tus finanzas se refiere, y que consigas esa libertad financiera de la que tanto se habla pero poca gente explica de verdad.

Yo misma sufrí en el pasado, por mi falta de conocimientos en finanzas cuando empecé en este sector, las consecuencias de tomar malas decisiones en mi propio hogar y todo lo que acarreó: estrés, insomnio, preocupaciones y tristeza. Y no deseo que nadie tenga que pasar por lo mismo. No digo que todo sea evitable; a veces hay factores externos como perder el empleo y muchas otras cosas que nos afectan directamente al bolsillo, pero para mí sería ya todo un logro que consiguieses controlar de la mejor manera posible aquello que sí es controlable, en función de cómo quieras vivir tu vida, de cuáles sean tus objetivos, valores e incluso las cosas que desees alcanzar.

Ojalá nadie sufriera por dinero, pero por desgracia eso no es posible. Lo que sí puedes hacer es ponerte a analizar tus finanzas, tus deseos y modo de vida, y ver cómo vas a seguir adelante aprendiendo cuál es tu mejor camino. Y para ello tendrás que enfrentarte al gran «elefante en la habitación financiera», temido por todos. Con esta metáfora me refiero a esa verdad incómoda que todos conocen pero de la que nadie se atreve a hablar, como si al ignorarla fuese a desaparecer o no tuviéramos que afrontar el problema.

Así que, con toda mi experiencia adquirida en estos veinte años en el mundo financiero, habiendo asesorado a familias de todos los niveles económicos y de diferentes lugares y culturas, empiezo a escribir estos primeros párrafos para pedirte que leas el libro con tiempo y tranquilidad y que escribas, pienses y hagas algunos de los ejercicios que he incluido para ayudarte a poner tus finanzas en orden. Mi intención es facilitar que las personas a quienes no les gustan demasiado las finanzas cojan al elefante por la trompa (o al toro por los cuernos) y tomen las riendas de su vida, logrando así la libertad financiera que todos deberíamos tener.

Te invito a leer esta guía con la mente abierta, con un cuaderno al lado y con la convicción de que puedes asumir el control de tu economía a medida que vayas avanzando hasta la última página.

¡Te doy la bienvenida a *Un elefante en la habitación financiera*!

Gracias por leerme, y ¡empezamos!

CRISTINA CAMPABADAL

2

EL DINERO IMPORTA… Y LO SABES

Cuando era pequeña veía el dinero como un tipo de cambio; pedía alguna moneda y me compraba tres o cuatro golosinas. A medida que fui creciendo pasé de comprarme esa cantidad de golosinas a una bolsa entera de chuches. Luego, en la adolescencia, pedía más y me daban para una libreta y, si tenía suerte, me caía un buen bolígrafo, y así sucesivamente. El dinero me parecía algo fácil de lograr y que servía para intercambiar por algo material.

Más tarde entré a trabajar en banca. Empecé en lo que llamaban «ventanilla», manejaba efectivo, pasaba las libretas por la máquina para ponerlas al día, hacía reintegros e ingresos, y solucionaba las consultas más básicas de los clientes. Ahí empecé a entender la importancia que tiene realmente el dinero. Bueno, en ese momento y cuando te quieres independizar y caes en la cuenta de los precios desorbitados de los alquileres, lo mucho que cuesta pagar las facturas de la luz, el gas, internet, el agua, etc. Pero lo que me cambió el chip de verdad fue ver las realidades de todo tipo de personas y familias mientras trabajaba en la oficina bancaria.

Pasé por varias sucursales, desde barrios de la zona alta de Barcelona hasta otros más humildes. Viví épocas de bonanza económica y de crisis... y puedo afirmar, sin querer agobiarte ni presionarte, que el dinero... importa.

Y no, no te lo digo por el ritmo de vida que quieras llevar o si necesitas mucho o poco para vivir (que todo suma y te hablaré de eso más adelante), sino porque lograr tener tus ahorros, por escasos que sean, conseguir llevar los pagos al día, y contar con un colchoncito y que también lo tenga tu familia, eso es salud, es alegría, es paz interior. Vamos, que sin el sufrimiento que acarrea la falta de dinero, es más que probable que vivas mejor y más años.

He visto cabezas de familia, en los que recae toda la responsabilidad del dinero familiar, pasando días sin dormir, con ojeras y taquicardias; no quiero sonar fatalista, pero las preocupaciones matan, algunas poco a poco y otras, al instante. Por eso, pienso que desde niños en el colegio nos deberían informar de lo importante que es lo que hacen los padres para mantener a sus hijos, el gran coste que supone, el gran peso que cargan en las espaldas... Y no, no por eso dejarán de ser niños; no hablo de exigirles que aporten a la economía familiar ni nada semejante, sino de que sean conscientes de ella.

Nunca olvidaré a un padre de familia al que le iban muy bien las cosas. Corría el año 2007 y aún no habían llegado del todo las terribles consecuencias de la crisis inmobiliaria, primero en Estados Unidos y poco después en España y el resto de Europa. Siempre venía a la oficina con su mujer y sus dos encantadores hijos, cosa que me llamaba la atención porque no era común. Diría que era una familia bien avenida y de clase media tirando a alta. Aquel hombre había luchado mucho por tener su primer taller de coches en el barrio obrero de sus padres; luego había ido abriendo poco a poco más talleres en la ciudad de Barcelona y su negocio le permitía vivir con holgura y tranquilidad.

Pero el hombre empezó a gastar más de lo debido. Un vendedor de coches le «puso el caramelo en la boca» al decirle que no entendía por qué iba con un Seat cuando podía conducir un Mercedes; le hizo caso y se compró el Mercedes. Otro amigo le contó que ellos tenían un apartamento en la playa, y otro, una casa en un pueblo de montaña, y que no entendían cómo, yéndole todo tan bien, él solo tenía un piso en la ciudad. Les hizo caso, se dejó llevar y se compró un piso en Tarragona frente a la playa y un apartamento en la Cerdanya.

Luego un cliente de uno de sus talleres no dejaba de repetirle lo importante que era captar más clientes y que, para ello, debía hacerse socio de un club privado exclusivo, ya fuera de tenis, de golf o de negocios. Le hizo caso, le creyó e invirtió mucho en ello (tuvo que abonar una cantidad inicial considerable para poder entrar en el club y pagar posteriormente una mensualidad bastante alta). Más adelante su cuñado le dijo que cómo era posible que, teniendo varios talleres y empleados, sus hijos continuaran yendo a un colegio público y le habló de la gran importancia de llevarlos a uno privado, por su bien el día de mañana y por los contactos que tendrían cuando fueran adultos. Convencido, apuntó a los dos niños a un colegio privado de élite de la Ciudad Condal.

En cuestión de dos años, hizo todos esos cambios y bastantes más, como irse de vacaciones más lejos a pesar de que eran felices yendo a un pueblo de la costa cercano, donde se alojaban en un sencillo hotel desde que los niños eran pequeños, o yendo a casa de sus suegros en los Pirineos a pasar las vacaciones de invierno. Todo, absolutamente todo, empezó a cambiar y a desmoronarse. No solo en su cuenta (que cada vez tenía menos ceros), sino también en su cara, sobre todo en la de los padres. Cada vez tenían una mirada más... cómo decirlo... más triste, apagada; las arrugas de alrededor de los ojos por sonreír tanto pasaron a situarse en la comisura de los labios en forma de «U».

Llegó la gran crisis, que afectó como sabes a todos los sectores, al inmobiliario pero también al automovilístico, a los talleres de coches, a todo tipo de pymes y de empresas. Con los despidos masivos, la gente no tenía dinero ni para arreglar el coche... Y ocurrió lo que para mí es la imagen que nunca olvidaré: el día en que vino a la oficina él solo. Supe al momento que algo andaba muy mal y sentí una punzada en el corazón al verlo. Estaba mucho más delgado, tenía ojeras, vestía con ropa más descuidada, y no quedaba ni la sombra de sus tan habituales y encantadoras sonrisas.

Le pregunté cómo estaba y me dijo que muy mal. Hubo un silencio y, sin saber demasiado bien qué preguntar, le dije: «¿Le puedo ayudar en algo?». Y él me contestó con un débil «Cristina, vengo a que me devuelvas unos recibos». Introduje en el sistema su número de DNI y vi que estaba en números rojos. Disimulé mi preocupación y le dije en un tono serio pero con cariño, girando la pantalla y mostrándosela a él: «Mire, Jose, ahora mismo tiene estos que pagó el día 1 y está a tiempo de devolver. Son el recibo del agua, de la luz, el teléfono; el recibo del club y el del colegio de los niños». Él, mirando hacia el teclado, me respondió que devolviera todos menos el recibo del club. Me quedé helada.

¿Pensaba quedarse antes sin luz o sin agua, o poner en riesgo la educación de sus hijos, incluso el comedor, que dejar de ser socio del club? Ese no era el Jose que yo había conocido, ni mucho menos. Le pregunté si estaba seguro de aquello, que podía devolver el recibo del club de los cuatro miembros de la familia, que subía bastante, y que con eso pagaría el agua, la luz, algo de comida, etc., pero él me respondió: «No entiendes lo que implica dejar de ser socio de ese club. Perderé muchos clientes, no podré hacer clientes nuevos, y también perderemos el estatus que tanto hemos luchado por conseguir. Así que, por favor, devuélveme todos los recibos, excepto el del club». Evidentemente, como banquera, si te insiste el cliente con algo y ya le has explicado «por qué quizá no sea buena idea», debes limitarte a seguir sus instrucciones. Así que lo hice.

Lo vi una sola vez más. Estaba todavía peor, me comentó que acudía a comedores sociales con su mujer y sus hijos. Ambos progenitores estaban sin trabajo y vivían con los padres de ella. Había tenido que cerrar los talleres que al principio intentó mantener malvendiendo rápido el Mercedes y el piso de la playa, y cambiando a sus hijos de colegio a mitad de curso. Todo terrible...

Mi objetivo con esta historia verídica que te estoy contando no es deprimirte; solo pretendo que todos veamos que el dinero importa (e incluso recordármelo a mí misma). Importa para vivir bien, con calidad de vida: tener tu techo, tu comida, a tu familia contenta y en paz, tu salud y la de los que te rodean (y no solo la salud física, sino también la mental). Nos guste o no reconocerlo, el dinero en todo esto es realmente importante.

Así que las decisiones que tomes con tus ahorros (o, si no tienes ahorros a día de hoy, con tus gastos), van a influir no solo en tu bolsillo ahora, sino también cuando pueda venir una crisis o se den ciertos factores externos (políticos, tanto nacionales como internacionales; pandemias; conflictos bélicos, etc.). Todo ello afectará en algún momento a la economía del lugar en el que resides (a unos más que otros, es cierto, pero acabará pasando). Así son los ciclos económicos; cada «X» tiempo llega una crisis. Si estás en España, sigue de cerca qué ocurre en Estados Unidos y en el mundo. Y que no te tome por sorpresa, ni te dejes llevar por consejos de personas que no son como tú o no saben de finanzas, o incluso que piensan distinto a ti y creen que la felicidad llega por tener un coche mejor o una propiedad más.

Toma tus propias decisiones y conoce tus limitaciones y valores porque, a veces, por muy bien que te vaya o por muy bien que lo hagas, las cosas no salen tal y como esperabas, y porque sí, «el dinero importa... y lo sabes».

No quiero acabar el capítulo de forma tan negativa, así que voy a explicar con un punto de vista más positivo por qué el dinero importa. Así como te puede quitar la salud, según hemos visto, también puede dártela; y alegría ya ni te cuento, aunque, ojo, quien sea un amargado lo será con o sin dinero.

Todavía recuerdo a una chica de veinte años que venía al banco con su abuela todos los jueves. Me acuerdo de que los jueves (que era el único día en el que abríamos al público por la tarde), a eso de las siete, el ambiente en la oficina ya empezaba a caldearse. El hecho es que Susana y Avelina venían todos los jueves a las siete y cuarto de la tarde (cuando la chica no tenía clase en la universidad). Siempre venían a la ventanilla a poner al día la cartilla de la dulce ancianita y a revisar si se habían pagado todos los recibos que tocaban. También a ver si había llegado el ingreso del piso que tenía Avelina alquilado en su misma escalera (y que había sido propiedad de su hermano, ya fallecido).

Avelina era muy buena persona. Permitía que la inquilina le pagara semanalmente porque era una señora octogenaria que «de esa manera controlaba mejor el dinero que le iba quedando para terminar el mes». A Avelina, mientras cobrara, no le importaba. Pasaron los meses y, cada jueves, allí estaban las dos, sonrientes y encantadoras. Me gustaba atenderlas. Yo tenía veintiún años, hacía nada que había entrado a trabajar en el banco, y siempre me resultaba agradable atender a las personas del barrio que ya conocía. Esa familiaridad me daba alegría; me gustaba mucho preguntarles por sus familiares y demás.

Pero un jueves esta mujer y su nieta, que iban siempre cogidas del brazo y con caras relajadas y amables, no vinieron. Se me hizo raro porque eran muy puntuales y mi reloj marcaba las siete y veinticinco. Pensé: «Bueno, cerramos a las ocho, quizá se les haya hecho tarde», pero no, aún no habían llegado cuando me puse a cerrar con llave la puerta de la oficina y empecé a cuadrar la caja.

Me fui a casa, recogí a mi adorado bulldog inglés (que en paz descanse) y lo paseé por el parque de siempre, pero sin dejar de pensar en si le habría pasado algo a la querida y dulce Avelina, y seguí inquieta al volver a casa y hasta que me acosté. El siguiente jueves tampoco se presentaron. Me preocupo demasiado cuando cojo cariño a la gente y empecé a temerme lo peor. Ese día paseé a mi perro sin apenas ser consciente de ello, me hice la cena del mismo modo, y me puse a leer en la cama hasta quedarme dormida para no pensar. «¿Habrá fallecido la pobre mujer?», me preguntaba.

Al día siguiente llegué a la oficina y comenté con uno de mis compañeros que era raro que Avelina, la abuelita de los jueves, llevara dos semanas sin acudir al banco. Él también se extrañó, pero mi sorpresa llegó cuando ese mismo viernes a las dos menos diez de la tarde, mientras despachaba a los últimos clientes del día, entró Susana agarrándose del brazo de su abuela con tal ímpetu que hacía andar a la pobre Avelina un poco inclinada. Esta sujetaba el bolso con una fuerza fuera de lo común. Les sonreí desde mi asiento y, suspirando de alivio por dentro, continué atendiendo al señor Contreras, que venía del restaurante de la esquina todos los viernes a traer el efectivo de la semana.

Después de contar todas aquellas monedas y billetes (sí, antes lo hacíamos a mano; nada de ir al cajero ni de máquina contadora de billetes), realicé el ingreso en su cartilla (para quienes no lo sepáis, antes se registraban los ingresos y las retiradas o los gastos en unas libretas llamadas cartillas, con unas decenas de páginas en las que podías ir viendo todos los movimientos de tu cuenta). En fin, que le devolví la libreta, le deseé buen fin de semana, y entonces se plantaron frente a mí la chica y su abuela.

Las dos tenían los ojos abiertos como platos y unas sonrisas casi histéricas. «¡Por fin os veo! Estaba preocupada por vosotras, ¿va todo bien?». Sin responder, miraron a su alrededor y Avelina apretó todavía más fuerte el bolso contra el pecho. Susana le espetó: «¡Ay, abuela, dáselo ya, que me estás poniendo nerviosa y al final nos van a robar!». Avelina, toda nerviosa, le dijo: «Calla, niña, hay que ver qué ansiosos sois los jóvenes... Cristina, querida, ¿puedes atenderme ahora o ya cierras?». «¡Pero abuelita! ¿Cómo nos vamos a ir ahora con lo que llevas en el bolso? Cris, no le hagas caso y atiéndenos, haznos el favor». Yo no entendía nada, pero se me había contagiado su nerviosismo. Por fin, Avelina sacó con mano temblorosa su monedero negro con cremallera, lo abrió, se volvió para asegurarse de que no hubiera nadie detrás, y extrajo un número de lotería.

Casi me dio un ataque de risa y de alegría. ¡No era nada malo, sino todo lo contrario! Lo cogí y las hice pasar con el director para que las atendiera con calma porque yo tenía que cerrar la caja (era muy nueva todavía para según qué cosas), así que me levanté, les di un abrazo enorme a cada una y, riéndonos las tres sin parar, las acompañé hasta el despacho del director.

Lo curioso de esto que te cuento es que, aunque Avelina ya era alegre de por sí, revivió como un ave fénix tras aquello a pesar de que le tocó un pequeño pellizco... Y durante los siguientes tres años que trabajé en esa oficina, su nieta jamás faltó ni un solo jueves a las siete y cuarto de la tarde a acompañar a su abuela. Continuaron haciendo lo mismo, con el mismo cariño y alegría, aunque, eso sí, con más paz interior, porque si no les pagaba la inquilina, tenían su colchón. Así que sí, «el dinero importa... Y lo sabes».

3

LIBERTAD FINANCIERA. TU PROPÓSITO DE VIDA

Ahora entremos en materia. Hablar de libertad financiera no es solo hablar de números. Es hablar de tiempo, paz mental, opciones de vida y laborales. En una sociedad que promueve la acumulación como meta, el verdadero desafío es redefinir el dinero como un medio y no como un fin. Este capítulo te ayudará a descubrir lo que de verdad significa ser libre financieramente, cómo conectar tus finanzas con tus valores y cómo planificar una vida con coherencia y propósito.

¿Qué es la libertad financiera?

Seguro que últimamente estás oyendo en muchos pódcasts o charlas la frase «libertad financiera». Pues bien, la libertad financiera es la capacidad de vivir la vida que deseas sin que el dinero sea una limitación. No se trata de retirarte a los treinta y cinco o de tener millones en el banco, sino de que tus necesidades y deseos estén cubiertos gracias a ingresos pasivos o estrategias inteligentes, sin depender de un empleo que no te guste o un ingreso obligatorio.

Para tener libertad financiera, necesitarías lo siguiente:

- Ausencia de deudas que limiten tu movilidad.
- Ingresos pasivos o semipasivos (inversiones, rentas y/o regalías).
- Ahorros que cubran imprevistos.
- Tiempo para decidir qué hacer con tus días.
- Paz emocional con relación al dinero.

> **Caso real:** Carlos dejó su trabajo corporativo a los cuarenta y ocho años porque sus inversiones en fondos indexados, un piso que tenía alquilado a una familia y un pequeño negocio online le generaban más ingresos que sus gastos mensuales. No se jubiló, pero ahora elige proyectos que le interesan de verdad, viaja cuando quiere y pasa más tiempo con su familia.

¿Cómo planificar tu estilo de vida ideal?

El dinero debe adaptarse a tu estilo de vida, no al revés. Por eso, el primer paso es diseñar cómo quieres vivir y luego construir una estrategia financiera que lo haga posible.

PASO 1: Crea tu propio mapa de vida ideal y hazte estas preguntas:

- ¿Dónde te gustaría vivir?
- ¿Cómo sería un día perfecto para ti?
- ¿Con quién quieres compartir tu tiempo?
- ¿Cuántas horas deseas trabajar?
- ¿En qué tipo de proyectos?
- ¿Qué experiencias quieres vivir? (Viajes, formación, familia y/o voluntariado).

PASO 2: Con estas respuestas, puedes estimar un coste mensual aproximado de ese estilo de vida y construir un plan:

- ¿Cuánto necesitas ahorrar?
- ¿Qué ingresos pasivos puedes generar?
- ¿Qué habilidades puedes desarrollar para crear más libertad?

Caso real: Lucas, arquitecto autónomo, soñaba con vivir en una casa rural. Calculó que necesitaba 1.200 € al mes para cubrir su estilo de vida soñado. Aumentó sus tarifas, redujo gastos fijos, ahorró 18.000 € en dos años, y ahora vive como siempre imaginó, trabajando cuatro días a la semana desde un pequeño pueblo de montaña.

Te cuento tres casos reales más, con nombres ficticios, de personas que usan el dinero como medio, no como fin.

Caso real: Ignacio, ingeniero de telecomunicaciones reconvertido en emprendedor social. Tras quince años en una multinacional, vendió su participación en una *startup* y creó una fundación educativa. Vive con lo justo, invierte en proyectos sostenibles y enseña en colegios sobre sostenibilidad y fundaciones. Su riqueza no está en su cuenta bancaria, sino en su legado.

Caso real: Claudia es una abogada que renegoció su tiempo en el bufete. A los cuarenta años pidió una reducción de jornada para cuidar de sus hijos y trabajar en un libro. Perdió un 40 % de sus ingresos, pero reorganizó sus gastos y descubrió que el dinero no compraba la alegría que sí le daba su nueva rutina y sus nuevos proyectos.

> **Caso real:** Jesús y Marta son una pareja que cambió la ciudad por un pueblo de la costa. Vendieron su piso en Madrid, compraron una casa más pequeña en un pueblo costero de Galicia y ahora viven con menos, pero más felices. Con una parte del capital, abrieron un pequeño albergue. Sus gastos se redujeron un 50 % y sus ingresos pasivos cubren el 80 % de su vida actual.

Cambiar tus creencias sobre el dinero

Muchas personas creen que la libertad financiera es solo para «ricos», pero en realidad se trata de decisiones conscientes y sostenidas en el tiempo por parte de personas como tú y como yo. Por eso te dejo a continuación una serie de ejercicios prácticos que te pueden ser de ayuda:

- **PASO 1: Define tu «número de la libertad».** ¿Cuánto dinero necesitas al mes para vivir con tranquilidad? Incluye gastos, ahorro y ocio. Luego multiplícalo por doce para saber cuánto deberías generar de forma pasiva al año.
- **PASO 2: Crea tu «rueda de la libertad».** Dibuja un círculo y divídelo en ocho partes: ahorro, inversión, tiempo libre, salud, familia, propósito, ingresos y paz mental. Califica del uno al diez cómo te sientes

en cada área. ¿En qué área ves que necesitas trabajar más?

- **PASO 3: Rellena tu «diario de hábitos financieros».** Durante siete días registra cada gasto, emoción asociada y reflexión. Pregúntate si cada decisión te acerca o te aleja de tu libertad financiera.
- **PASO 4: Escribe tu «carta del futuro».** Escribe una carta como si la redactara tu «yo» del futuro libre financieramente. ¿Cómo te habla? ¿Qué decisiones agradece que hayas tomado hoy?

CONCLUSIÓN

Como te decía, la verdadera libertad no es tener millones, sino opciones. Es elegir sin miedo, actuar con sentido y vivir de forma coherente con tus valores. El dinero es solo una herramienta y puede ser un grillete o puede ser una llave. Tú decides cómo usarla. El primer paso hacia esa vida con propósito es tomar el control de tus finanzas con conciencia e intención.

4

PRODUCTOS FINANCIEROS SIN BOSTEZOS

Ahora que ya tienes más claro el estilo de vida que quieres llevar, sería bueno que, para poder ponerlo en práctica y llegar a generar ese colchón, conocieras algunos productos financieros. En este capítulo te muestro de forma muy directa y resumida los más importantes para tu día a día. En el capítulo final del libro encontrarás un glosario (aunque prefiero llamarlo «el diccionario que el banco jamás te dio»), por si quieres echarle un vistazo ahora.

Empezamos con una guía sencilla de productos financieros:

1. **Cuenta corriente:** Es el lugar donde guardas tu dinero del día a día. Sirve para cobrar dinero, pagar recibos y usar tarjetas. Es más operativa y de uso cotidiano.
   - Nota: No es para ganar dinero, es para gestionarlo. Sin embargo, cada vez más entidades financieras remuneran también las cuentas corrientes, aunque sea con un pequeño interés.
   - Ejemplo: Cobras tu nómina y pagas recibos con esa cuenta.
2. **Depósito bancario o cuenta de ahorro:** Prestas tu dinero al banco durante un tiempo y recibes intereses.
   - Nota: Seguridad con rentabilidad limitada.
   - Ejemplo: Depositas 5.000 € durante un año y a cambio te dan un interés de un 2 % anual.
3. **Acciones:** Compras una parte de una empresa por el tiempo que desees, hasta cuando quieras vender.
   - Nota: Implica más riesgo, aunque puede tener más potencial.
   - Ejemplo: Compras acciones de una empresa conocida y a la que piensas que le puede ir muy bien o que está en crecimiento.

4. **Fondo de inversión:** Una empresa gestora del fondo y su equipo invierte tu dinero junto al de otros.
   - Nota: Es una herramienta para diversificar e invertir en varias empresas distintas.
   - Ejemplo: Aportas 100 € al mes en un fondo que invierte en cincuenta empresas europeas.
5. **Bonos:** Prestas dinero a un Estado o empresa.
   - Nota: Suelen ser ingresos más previsibles.
   - Ejemplo: Compras un bono del Estado (deuda pública).
6. **ETF:** Fondos que se compran como acciones.
   - Nota: Son sencillos y más económicos que otros.
   - Ejemplo: Compras un ETF global.
7. **Préstamos y créditos:** El banco o una entidad financiera te prestan dinero y te cobran un interés.
   - Importante: Son útiles si se controlan bien.
   - Ejemplo: Préstamo para comprarte un coche.
8. **Planes de pensiones:** Producto pensado para ahorrar a largo plazo de cara a tu jubilación.
   - Nota: El dinero queda inmovilizado muchos años.
   - Ejemplo: Aportas cada mes una cantidad para tu jubilación.
9. **Seguros:** Te protegen frente a riesgos económicos importantes.

- Nota: No generan riqueza, aportan tranquilidad.
- Ejemplo: Seguro de salud o de hogar.

10. **Hipoteca:** Préstamo a largo plazo para comprar una vivienda a cambio de pagar intereses al banco.
    - Nota: Compromiso financiero a muchos años.
    - Ejemplo: Hipoteca para comprar tu casa, pagando durante veinticinco años con intereses.
11. **Tarjetas de crédito:** Permiten pagar ahora y devolver después, a cambio de unos intereses.
    - Nota: Fáciles de usar, peligrosas si no se controlan.
    - Ejemplo: Compras hoy un ordenador y pagas todos los meses una cantidad hasta abonar en su totalidad tanto el ordenador como los intereses devengados.
12. ***Crowdfunding/crowdlending*:** Inversión colectiva en proyectos o personas.
    - Nota: Mayor riesgo.
    - Ejemplo: Inviertes pequeñas cantidades en proyectos empresariales distintos y con un grupo de personas. Es como una financiación colectiva de proyectos.

Me gustaría profundizar un poco más en los fondos de inversión que he mencionado; se ofrecen mucho y es importante que sepas los tipos que hay.

Tipos de fondos de inversión

1. **Fondos de renta fija:** Invierten principalmente en deuda pública o privada. Suelen ser más estables que otros fondos, aunque también ofrecen una rentabilidad más moderada.
   - Nota: Más estabilidad, menos sobresaltos.
   - Ejemplo: Un fondo que invierte en bonos del Estado.
2. **Fondos de renta variable:** Invierten en acciones de empresas. Su valor puede subir o bajar en función del mercado, pero a largo plazo algunos ofrecen mayor potencial de crecimiento.
   - Nota: Más riesgo, a veces más oportunidades.
   - Ejemplo: Un fondo que invierte en empresas internacionales de distintos sectores y países.
3. **Fondos mixtos:** Combinan renta fija y renta variable para equilibrar riesgo y rentabilidad. Son muy utilizados por inversores principiantes.
   - Nota: Equilibrio entre seguridad y crecimiento.
   - Ejemplo: Un fondo que mezcla bonos y acciones.
4. **Fondos indexados:** Replican el comportamiento de un índice bursátil. Tienen costes bajos y son una opción para invertir a largo plazo.
   - Nota: Sencillez y bajos costes.
   - Ejemplo: Un fondo que replica el mercado global.

5. **Fondos garantizados:** Ofrecen la promesa de recuperar el capital inicial en una fecha concreta, aunque a cambio limitan la rentabilidad y la liquidez.
   - Nota: Seguridad con poca flexibilidad.
   - Ejemplo: Un fondo que garantiza recuperar lo invertido tras varios años.

Te recuerdo que, antes de aportar dinero a un fondo de inversión, debes tener muy clara cuál es tu tolerancia al riesgo, o lo que es lo mismo, qué perfil inversor tienes: si eres conservador, moderado o arriesgado.

Ahora imagínate que vas al banco a informarte de qué fondos de inversión tienen. Siempre es bueno que te enseñen «la ficha del fondo»; si no lo hacen se lo puedes pedir directamente. En ella encontrarás información muy valiosa. Lo que te diría es que, aparte de la explicación que te dé tu banquero o banquera de confianza, te lleves la ficha a casa (esa ficha u otras que te haya dado) y las examines con calma, leyéndolas todas enteras, aunque no te apetezca demasiado, incluso la letra pequeña.

¿Cómo leer la ficha de un fondo de inversión sin miedo?

Cuando ves una ficha de un fondo de inversión por primera vez, es normal que te parezca complicada. Mi objetivo aquí es que, cuando tengas una delante, sepas exactamente qué mirar y qué significa cada dato, sin tecnicismos innecesarios. La ficha del fondo nos resume toda la información importante para que puedas decidir si encaja contigo o si no. En ella encontrarás:

1. **El nombre del fondo y el ISIN:** El nombre suele dar pistas sobre en qué invierte: si es de renta variable o fija; si invierte en Europa, en el mundo o en un sector concreto. No te fíes solo del nombre, pero úsalo como primera orientación. El ISIN consiste en una serie de cifras, parecido a nuestro número de DNI. Ese número te servirá si quieres buscar más información sobre el fondo y más completa, como los datos de su comportamiento en los últimos cinco años. Para obtener más información, puedes entrar en la página web oficial de la CNMV (la Comisión Nacional del Mercado de Valores de España). Ahí encontrarás datos muy importantes como los riesgos, las comisiones y un largo etcétera que te ayudará a decidir mejor al respecto.

2. **Nivel de riesgo:** Normalmente aparece en una escala del 1 al 7 y en un recuadro. Cuanto más alto sea el número, más puede subir y bajar. Si estás empezando, no se trata de ir al máximo, sino de entender cuánto movimiento estás dispuesto a soportar. Es decir, si quieres dormir con tranquilidad no cojas un fondo marcado con un 7, porque su volatilidad será mucho mayor: puedes ganar más, pero también perder más. Si las montañas rusas no son lo tuyo, ve a un fondo que sea más bien un 1 o un 2. Si desconoces tu perfil de riesgo (aunque en tu entidad financiera están obligados por ley a hacerte el test antes de presentarte un tipo de inversión semejante), puedes acceder de nuevo a la web que te mencionaba antes, la oficial de la CNMV, y buscar y hacer el test gratuito de perfil de riesgo que han colgado en la web.
3. **Rentabilidad:** Aquí verás cómo se ha comportado el fondo en el pasado: un año, tres años, cinco años. Importante: la rentabilidad pasada no garantiza la futura, pero sirve para entender cómo se mueve el fondo. Si ha tenido buenos resultados en el pasado, te puede dar más tranquilidad. Pero repito, no garantiza que lo vaya a hacer igual de bien en el futuro. Es un buen dato a tener en cuenta, y también muestra el buen trabajo que ha realizado la gestora del fondo y su equipo anteriormente.

4. **Comisiones:** Este es uno de los aspectos más importantes, que muchas personas pasan por alto. Busca la comisión de gestión y la comisión total. La suma será el coste que pagas por estar en ese fondo, y afecta directamente a tu resultado final. De nada te sirve invertir en un fondo que te dará un 2 % si la comisión por gestión es de un 2,25 %; es más, estarás perdiendo dinero. Así que mira bien este dato.
5. **En qué invierte:** Aquí se explica en qué tipo de activos invierte el fondo; si son acciones, bonos, empresas grandes o pequeñas y sectores concretos. Este dato te dice de dónde viene el riesgo y la posible rentabilidad. Es importante que conozcas en qué tipo de empresas invierte, si son tecnológicas o financieras, etc.
6. **Países o zonas geográficas:** Mira si invierte solo en un país, en una región o a nivel global. Cuanto más diversificado sea, menos dependes de que si a un solo país le va mal pierdas dinero. Es decir, si en un país hay problemas políticos y aportas dinero a un fondo que invierte en empresas de ese país únicamente, te arriesgas a que te vaya bastante mal; sin embargo, si el fondo invierte en distintos países, se reduce «el riesgo país», como lo llaman, y te puede dar más tranquilidad.
7. **Divisa:** Algunos fondos invierten en otras mone-

das, lo que puede sumar o restar rentabilidad según el tipo de cambio. Es bueno que te fijes en este aspecto también.

8. **La gestora y su filosofía:** ¿Quién gestiona el fondo y cómo lo hace? No es lo mismo un fondo muy activo que uno que simplemente replica un índice. Sería bueno que te informes bien, buscando en la web de la gestora y en otras webs, e incluso que consultes opiniones.

Cuando mires una ficha, no intentes entenderlo todo a la vez. Empieza paso por paso; sobre todo, fíjate en el nivel de riesgo, las comisiones y en qué invierte. Con eso ya estás tomando mejores decisiones que la mayoría.

Lo más importante es entender antes de invertir y, como ves, invertir no es cuestión de suerte ni de intuición, sino de comprensión. No hace falta ser experto ni manejar fórmulas complicadas, pero sí entender qué estás contratando y por qué.

Un fondo de inversión no es algo abstracto. Es una herramienta concreta, con reglas claras, que se puede analizar si sabes dónde mirar. La ficha del fondo es tu mejor aliada: en pocas páginas te dice cómo se comporta, qué riesgos asume, cuánto cuesta y dónde pone tu dinero a trabajar.

Te resumo lo que conviene que tengas en cuenta:

- El riesgo importa, y no es ni bueno ni malo; simplemente tiene que encajar contigo. No se trata de buscar el número más alto, sino el que te permita dormir tranquilo.
- La rentabilidad pasada orienta pero no promete nada. Sirve para entender el comportamiento del fondo, no para garantizar resultados.
- Las comisiones sí están garantizadas. Las pagas siempre, ganes o pierdas. Por eso mirarlas bien es una de las decisiones más inteligentes que puedes tomar como inversor.
- Saber en qué invierte el fondo te ayuda a entender de dónde vienen las subidas y las bajadas. No es lo mismo invertir en empresas tecnológicas que en deuda pública.
- No todos los fondos son para todo el mundo. El mejor fondo no es el más famoso ni el que más ha subido, sino el que encaja con tus objetivos, tu horizonte temporal y tu forma de ser y pensar.

CONCLUSIÓN

Invertir bien no consiste en hacerlo todo perfecto, sino en evitar grandes errores. Y la mayoría de esos errores se cometen por no leer, no preguntar o no entender. Si antes de invertir te acostumbras a mirar con calma la ficha del fondo y a hacerte las preguntas adecuadas, ya estás muy por delante de la mayoría. Porque cuando entiendes lo que haces con tu dinero, dejas de improvisar y decides mejor.

5

INVERSIONES QUE NO SALEN EN LA TELE

Antes de empezar este capítulo, como el anterior de productos financieros ha sido un poco más técnico, quiero pasarte una lista de preguntas que me gustaría que te hicieras a estas alturas. Tómate tu tiempo y, en caso de que no te apetezca ponerte con ello ahora mismo o no tengas tiempo en estos momentos, márcate esta página y vuelve cuando lo consideres, porque es una herramienta que te puede venir muy bien.

33 preguntas para tomar mejores decisiones financieras

1. ¿Cuánto dinero entra realmente cada mes en mi cuenta?

   ----

2. ¿Cuánto gasto y en qué se me va el dinero?

   ----

3. ¿Sé distinguir entre gastos necesarios y gastos impulsivos?

   ----

4. ¿Tengo un fondo de emergencia suficiente?

   ----

5. ¿Cuántos meses podría vivir si me quedara sin ingresos ahora mismo?

   ----

6. ¿Tengo deudas, de qué cuantía y en qué condiciones están?

   ----

7. ¿Qué interés estoy pagando por cada una de mis deudas?

   ----

8. ¿Podría reducir o eliminar alguna deuda a finales de este mes?

   ----

9. ¿Estoy ahorrando de forma constante?

   ----

10. ¿Para qué estoy ahorrando exactamente?

----

11. ¿Mi dinero pierde valor por la inflación?

----

12. ¿Tengo mi dinero parado o «trabajando» y dándome beneficios?

----

13. ¿Entiendo todos los productos financieros que estoy utilizando?

----

14. ¿Asumo riesgos que no comprendo?

----

15. ¿Cuál es mi perfil de riesgo real?

----

16. ¿Estoy invirtiendo acorde a mis objetivos?

----

17. ¿Necesitaré este dinero a corto, medio o largo plazo?

----

18. ¿Diversifico mis inversiones o lo tengo todo en un solo «sitio»?

----

19. ¿Cuánto me cuestan las comisiones y los gastos financieros en total?

----

20. ¿Pago impuestos de forma eficiente y tengo asesor fiscal?

----

21. ¿Cuento con protección ante imprevistos importantes que me surjan?

---

22. ¿Dependo de una sola fuente de ingresos?

---

23. ¿Estoy tomando decisiones por miedo, o por información?

---

24. ¿Sigo consejos financieros sin analizarlos?

---

25. ¿Entiendo qué pasa si el mercado cae?

---

26. ¿Puedo dormir tranquilo con mis decisiones financieras actuales?

---

27. ¿Reviso periódicamente mi situación económica y cada cuánto?

---

28. ¿Encajan mis decisiones financieras con mi estilo de vida?

---

29. ¿Tengo objetivos financieros claros y realistas?

---

30. ¿Estoy planificando mi futuro financiero?

---

31. ¿Qué pasaría si mañana cambiara mi situación laboral?

---

32. ¿Estoy mejor hoy que hace un año financieramente hablando?

----

33. ¿Qué pequeña decisión puedo mejorar hoy mismo?

Con estas preguntas, más las que te irás haciendo a lo largo de este libro, estoy convencida de que terminarás con una idea mucho más clara de cómo manejas tu dinero y qué cosas podrías mejorar. Pero, para ello, hemos de seguir avanzando y ahora quiero presentarte un tipo de inversiones distintas, o lo que llamamos «inversiones alternativas».

Es un tipo de inversiones muy variado, fuera de las tradicionales que te exponía en el capítulo anterior y que han ido ganando importancia en la cartera de algunas familias. Primero deja que te explique brevemente qué son las inversiones alternativas y, más adelante, te detallaré unas pocas muy por encima para que tengas algunas ideas y conocimientos básicos al respecto. Te animo a que, si algo te llama la atención, investigues más sobre el tema con personas que se dediquen al sector financiero o que sean expertos en la materia.

¿Qué son las inversiones alternativas?

Son activos que no pertenecen a las categorías tradicionales, como podrían ser por ejemplo las acciones, bonos o el efectivo.

Se consideran «alternativas» porque ofrecen nuevas formas de diversificación, liquidez limitada y, en muchos casos, una relación diferente con el riesgo y el retorno. Este tipo de inversión ha ganado relevancia entre personas de patrimonios elevados y gestores institucionales por su potencial de rendimiento no correlacionado con los mercados tradicionales.

Me explico: a diferencia de las inversiones clásicas, que dependen en gran medida de factores macroeconómicos y/o bursátiles, las inversiones alternativas suelen estar ligadas a oportunidades concretas, activos tangibles, innovación tecnológica o incluso valores sentimentales. Sí, curiosamente, sentimentales, como verás en el tipo de inversión en arte, coches clásicos, vino u otros que te describo más adelante.

Tipos de inversiones alternativas

A continuación, te describo las principales clases de activos alternativos que los inversores sofisticados que he conocido suelen incluir en sus carteras según su perfil, aunque hay muchos más, pero ten en cuenta que no son para todo el mundo.

1. **Bienes raíces no tradicionales:** Incluyen inversiones en propiedades comerciales, desarrollos turísticos, inmobiliarias en mercados emergentes, edificios de oficinas o propiedades agrícolas.
   - Características:
     - Rentabilidad vía alquileres o apreciación del capital.
     - Oportunidad de obtener ingresos constantes si todo va bien.
     - Inversión a medio-largo plazo.
   - Riesgos:
     - Deterioro con el paso del tiempo y cambios normativos.
     - Sensibilidad al ciclo económico y a los tipos de interés.

2. **Capital privado *(private equity)*:** Consiste en invertir directamente en empresas privadas no cotizadas. El objetivo es incrementar su valor y luego obtener una ganancia a través de su venta, fusión o salida a bolsa (IPO, por sus siglas en inglés; en español: OPI, «oferta pública inicial»).
   - Hay varias modalidades:
     - *Venture capital:* inversión en *startups* (empre-

sas jóvenes nacidas con una idea innovadora) y con alto potencial de crecimiento.
  - *Growth capital:* apoyo a empresas en expansión.
  - *Buyouts:* adquisición de empresas maduras para reestructurarlas.
- Riesgos:
  - Alta iliquidez.
  - Alto índice de fracaso (especialmente en *startups*).
  - Requiere análisis profundo y acceso a oportunidades exclusivas.

3. ***Hedge funds* (fondos de cobertura):** También conocidos como fondos de inversión libre porque cuentan, entre otras cosas, con muchas menos limitaciones normativas que un fondo tradicional. Son fondos de inversión que utilizan estrategias sofisticadas como apalancamiento, posiciones cortas o derivados.
   - Objetivo y accesibilidad:
     - Obtener rentabilidad absoluta, independientemente de la dirección del mercado.
     - Limitados a inversores acreditados o institucionales debido a su riesgo y complejidad.
   - Riesgos:
     - Posibles estructuras opacas.
     - Altas comisiones.
     - A veces poca transparencia.

4. **Criptomonedas y activos digitales:** Una clase emergente de activos digitales que incluye Bitcoin, Ethereum, *tokens* no fungibles (NFT), y aplicaciones DeFi (finanzas descentralizadas).
   - Características:
     - Muy alta volatilidad.
     - Acceso global e inmediato.
   - Riesgos:
     - Regulación incierta.
     - Vulnerabilidad tecnológica.
     - Riesgos de custodia y pérdida del dinero invertido por la acción de *hackers* o la pérdida de las claves.

5. **Materias primas y metales preciosos:** Incluye inversiones en oro, plata, petróleo, litio o cobre, entre otros. Pueden adquirirse físicamente o a través de ETF, futuros o acciones mineras.
   - Beneficios:
     - Refugio ante inflación o crisis.
     - Diversificación frente a activos financieros.
   - Riesgos:
     - Alta sensibilidad a factores geopolíticos.
     - Almacenamiento y transporte (si se poseen físicamente).

6. **Arte, vinos y objetos coleccionables:** Estos activos combinan valor económico y emocional. Incluyen obras de arte, relojes de lujo, coches clásicos, vinos, inversión en deporte, en cine, etc.
   - Características:
     - Algunos tienen gran potencial de revalorización.
     - Están menos correlacionados con los mercados financieros.
   - Riesgos:
     - Dificultad para tasar su valor real.
     - Liquidez muy limitada.
     - Requiere conocimientos o apoyo de expertos.

Algunas de las ventajas y riesgos de las inversiones alternativas

Ventajas

- Diversificación de la cartera.
- Potencial de altos retornos.
- Protección contra inflación o crisis de mercado.
- Acceso a mercados menos eficientes (mayor ventaja para el inversor informado).

Riesgos

- Baja liquidez: puede ser difícil vender rápidamente o cuando lo necesites.

- Falta de regulación en algunos casos.
- Mayor complejidad para análisis y valoración.
- Requieren conocimientos específicos y asesoramiento experto.

¿Para quiénes son adecuadas las inversiones alternativas?

Aunque atractivas, las inversiones alternativas no son para todos. Suelen ser adecuadas para los inversores con experiencia y tolerancia al riesgo; también si tienes un horizonte de inversión a largo plazo o incluso para carteras diversificadas que ya cuentan con activos tradicionales sólidos.

¿Cómo empezar a invertir en activos alternativos?

PASO 1: Define tus objetivos y horizonte temporal.

PASO 2: Consulta con asesores especializados.

PASO 3: Comienza con una pequeña proporción del total de tu cartera (2-5 %).

PASO 4: Evalúa constantemente la liquidez, la rentabilidad esperada y los riesgos.

PASO 5: Sé selectivo y exige transparencia en cada proyecto o activo.

CONCLUSIÓN

Las inversiones alternativas ofrecen una puerta fascinante hacia nuevas formas de desarrollar y proteger tu patrimonio. Ten en cuenta que no son una fórmula mágica, pero bien gestionadas pueden aumentar la resiliencia de tu cartera. En el mundo financiero actual, mirar más allá de lo tradicional es una ventaja competitiva que puede marcar una gran diferencia. Eso sí, insisto en que te acompañen expertos en la materia.

6

TIPOS DE BANQUEROS. COGE LAS PALOMITAS

Soy consciente de que los dos capítulos anteriores han sido más serios y técnicos, así que en este nos vamos a relajar un poco. ¿Sabes cómo? Dándote un recorrido por lo que sería una oficina bancaria española cualquiera para mostrarte los tipos de banqueros que puedes encontrar en ella. Luego ya trataremos sobre cómo elegir al mejor banquero para ti, pero, para ello, antes debes conocer y detectar con una sola mirada general quién es quién en un banco. Sé bien de lo que hablo porque yo he sido una de ellos.

Tómate un momento, siéntate lo más cómodamente posible y ahora imagínate entrando en una oficina bancaria, en la de tu barrio o quizá la que tienes al lado de tu trabajo, por ejemplo. Abres la puerta. Ya estás dentro. Miras a tu alrededor y ves a varias personas trabajando. ¿Quién quieres que te atienda? Espera, espera, mejor esto... Se acerca una empleada y te pide que por favor tomes asiento unos minutos, que en breve te atenderá ella o uno de sus compañeros. Mientras estás en esa fría silla, observas a todos los empleados de la oficina. Ves lo siguiente (te los iré presentando uno a uno; por cierto, si eres banquero, no te lo tomes como algo personal y te animo a que abras la mente y sonrías):

El banquero «pollo sin cabeza»

Estoy convencida de que alguna vez has visto en alguna oficina, sea bancaria o de otro tipo de negocio, al querido empleado «pollo sin cabeza», ese al que ves siempre corriendo de un sitio a otro. Va por el pasillo con papeles en las manos (curioso que sean los mismos tanto a las nueve de la mañana como a las cinco de la tarde, cuando falta poco para cerrar), pero ahí está, dando zancadas como si de un zancudo de feria de pueblo se tratara, estresando a todo el personal con sus movimientos bruscos y las brisas con las que levanta el flequillo de todo aquel que se cruza en su camino.

No suelen ser en absoluto malas personas, pero yo te recomendaría que, si eres un cliente, no lo elijas como banquero, porque aparentará trabajar mucho, pero no hará nada, o lo que es peor, para un día que le dé por trabajar de verdad, te la puede liar y hacer algo mal, y esas cosas con el dinero créeme que no son nada buenas.

Ahora ves que «el pollo sin cabeza» pasa por delante de ti mirándote de reojo mientras va con prisas al almacén de los archivos, haciendo como que apenas te ha visto (no sea que le vayas a frenar y le vayas a pedir que te atienda). Así que no solo no se parará jamás frente a ti, sino que a la vuelta irá con una gota de sudor en la sien y a mayor velocidad todavía, no sea que alguien vea que realmente no está haciendo nada.

Como te decía, no suelen ser malas personas, pero sí bastante vagos y egoístas para con sus compañeros, haciendo que recaiga todo el trabajo en el típico currante (ya llegaremos a ese perfil) y, peor todavía, no atendiendo a ningún cliente a lo largo del día. Aunque ojo al siguiente perfil, que también cumple esa característica de «no atender a ni un solo cliente en todo el día» y es...

La banquera a un teléfono pegada

Continúas en tu silla esperando pacientemente, dejas pasar al «pollo sin cabeza», confirmándose de nuevo que no quiere dar un palo al agua, y diriges la vista a una empleada de las que se encuentra en su mesa. Es curioso, no tiene a nadie sentado frente a ella, pero está al teléfono desde que has entrado por la puerta. Este tipo de banquero es más difícil de detectar que el resto, porque parece que está ocupado y trabajando. Logran que no te dirijas a ellos, puesto que eres una persona educada y no quieres interrumpir a alguien que está hablando por teléfono... ¡Ay, error!

Estos astutos banqueros tampoco te atenderán. ¿Qué te ayudará a ver que realmente la llamada no es laboral, sino con la amiga de turno o hasta con su madre o su padre? Exacto, escucharle. Te toca poner la antena. Lo sé, no está bien prestar atención a las conversaciones ajenas, pero solo te pido que te tomes cinco simples segundos para que, mirando hacia el suelo (así no se nota), pongas los oídos a trabajar y te fijes en lo que dice. Esos cinco segundos serán tiempo suficiente para saber si está hablando del pastel que hizo anoche, de la infidelidad de su amiga Pepita o de lo que va a desayunar en cinco minutos cuando se vaya durante una media de treinta a cincuenta minutos al bar de al lado de la oficina.

Si después de esa escucha todavía no lo tienes claro, te recomendaría que entonces alzases la vista y te fijes en si sonríe o si no, si mira al teléfono o a la gente que entra, si tiene el cuerpo echado hacia adelante o si parece que se va a escurrir en su propia silla, escondiéndose de todo ser viviente que pueda interrumpirla y hacerla trabajar. En caso de que, de las disyuntivas anteriores, observes que se da el segundo comportamiento, es ella: «la banquera a un teléfono pegada».

Hablo en femenino porque, a pesar de que este perfil existe tanto en hombres como en mujeres, me lo he encontrado en su mayoría en mujeres. Los hombres vagos utilizan otros trucos y recursos distintos, que te cuento a continuación.

El banquero lagartija

Este se escurre hasta por las grietas de las paredes para no ser visto, parece que tenga alergia a la oficina y evita estar en ella. Le parece cutre estar sentado y atender a los demás (absurdo, pero para eso que hubieran elegido otra profesión, digo yo...).

En fin, el lagartija es un vago como la «banquera a un teléfono pegada», pero que va de currante callejero, en plan «ahora salgo que tengo varias reuniones con clientes» y no solo no vuelve hasta el día siguiente o, para disimular, hasta cinco minutos antes de «bajar la persiana», sino que, cuando vuelve, no ha hecho ni media visita; bueno sí, una: a un bar de un barrio alejado de la oficina, no sea que lo pillen...

Después de un día de tocarse las narices en la calle (estos generalmente se mueven en coche o moto; da más credibilidad a la hora de hacer como que se van a trabajar), vuelven diciendo que están agotados, que han hecho diez visitas; se inventan alguna anécdota y nunca captan ningún cliente, pero nadie los pone en tela de juicio, puesto que a la mayoría no les gusta la actividad comercial a puerta fría, así que, mientras no los saquen a ellos a la calle, hacen la vista gorda.

En definitiva, si yo fuera tú, tampoco elegiría a este banquero por varios motivos obvios como que nunca estará en la oficina, nunca te cogerá el teléfono cuando lo necesites, y siempre te atenderán diferentes personas, a las que tendrás que explicar desde cero toda tu situación personal y profesional para que entiendan tu situación y puedan asesorarte como Dios manda sobre tus ahorros o tus necesidades. Todo ello te acabará agotando, lo que te llevará a evitar la oficina y te creará rechazo al sistema en general y a la banca, cosa que solo te perjudicará a ti y a tu bolsillo. No te lo recomiendo, así que sigamos buscando otros tipos de banquero para elegir el adecuado...

El banquero vendemotos o fantasma

No te voy a engañar: este tampoco es el idóneo para ti, a no ser que solo te importe que te doren la píldora y te hagan vivir en una burbuja diciéndote que te van a ayudar a ser rico en dos días, que te van a dar el interés más alto, etc., etc.

El vendemotos es un tipo de banquero que siempre me ha llamado especialmente la atención, tanto como clienta como compañera de trabajo. En el 90 % de las ocasiones son hombres de entre veinticinco y cincuenta y cinco años. Van impecables (puede ser con o sin gomina); les relucen los zapatos; los trajes son caros e impolutos, con corbatas planchadas a la perfección, y llevan un bolígrafo caro en la solapa o en las manos.

Este, en un principio, te caerá bien seguro. Si eres una persona de más de sesenta, te van a ganar rápido, porque pensarás cosas del estilo de «este sí que se toma su trabajo en serio» o «le tiene que ir bien, porque ¡menudos zapatos!» o «ese traje es de las comisiones y los bonus que se lleva por hacer ganar más dinero a sus clientes». Pues deja que te diga la verdad: ¡no!, nada de eso, y te cuento el porqué.

Suelen ser hombres de familia bien que ya lo tienen todo y les importa un pimiento que tú ganes dinero o lo pierdas. Ese traje, esos zapatos y hasta el pañuelo de seda, si es necesario, los lucirían igual trabajando en la oficina bancaria, en el despacho de su padre o en una librería... Bueno, no, en una librería nunca estarían trabajando, pero ya me entiendes por dónde voy. Están ahí por dos cosas: la primera es demostrar a la gente, y sobre todo a su familia, que tienen un trabajo. Y la segunda, demostrar que tienen un trabajo. ¡Je, je! He sido algo mala, perdona, pero es que los conozco muy bien. Me vienen varios a la mente y me hace gracia. Aunque es un tema serio y ¿sabes por qué? Pues porque estos son muy peligrosos a la hora de asesorarte.

Suelen dar poco valor al dinero (a ellos les cayó del cielo; ojo, no juzgo, solo digo que a quien le ha sido dado no le concede el mismo valor que a quien le cuesta, mucho o poco, pero lo ha logrado él mismo). El tema es que si le dan poco valor al dinero (incluso al suyo propio), imagínate al tuyo. ¿Qué suele suceder con este tipo de banquero? Te hará arriesgar más de lo que deberías. Solo pensará en vender y no lo hará por dinero, sino para demostrar a toda la oficina que «vende» mucho y, así, tanto ofrece tarjetas de crédito a gente que él sabe que no lo podrá pagar como logra hacer firmar varios seguros de vida a personas que no los necesitan o planes de pensiones a chicos de veinte años, o fondos de inversión a diez años a una persona de noventa, con penalización en caso de que saque antes el dinero...

Este, el que te promete que te va a hacer ganar mucho dinero (por eso también lo llamo «fantasma»), es el peor, porque nadie puede garantizar eso. Todo banquero o asesor que se precie sabe que no puede prometer que el cliente ganará mucho dinero con un producto financiero. De esto te hablaré más adelante. El tema aquí es que quien exagera, quien no da valor al dinero, quien se preocupa más de sus zapatos que de ti y tu historia y tu presente, no va a ser un buen asesor, ni para ti ni para nadie.

Pero entonces ¿cuál es el banquero idóneo? ¿Será el siguiente?...

El banquero chamuscado

Miras hacia la ventanilla de toda la vida (o, en según qué entidades bancarias, ya es solo una mesa alta frente a la entrada) y lo más probable es que te encuentres con esta persona. Ahora las cosas están cambiando, pero, en general, te recibe o la persona que menos tiempo lleva en el banco o el chamuscado, que es el que lleva muchos años trabajando allí. Suelen tener entre cincuenta y ocho y sesenta y siete años y, no te engañaré, están esperando ansiosos su prejubilación o jubilación.

Están aburridos y automatizan todos los movimientos. Suelen ser buena gente, solo que algo cascarrabias. Trabajar con ellos puede resultar un poco desmotivador y difícil, pero con el paso del tiempo también los entiendes. Tengo especial cariño a varias personas con las que trabajé en el pasado que estaban chamuscadas, y es triste verles ese desánimo en la mirada, así que tampoco quiero hablar demasiado de este perfil porque, a diferencia del resto, me despiertan cariño y cierta compasión.

Eso sí, no lo elijas como tu banquero. Normalmente no se actualizan ni se molestan en saber cómo están los mercados o qué novedades hay en seguros, fondos de inversión, inversiones alternativas, etc. Se limitan a ir a la oficina, hacer su trabajo básico, cerrar la caja e irse. Eso sí, hacen un trabajo que vale su peso en oro. Ellos sí atienden a los que entramos en la oficina, así que ya empezamos a ver mejoras en el tipo de banquero que te estoy presentando. De todas formas, este tampoco es el que te recomiendo, a no ser que lo único que busques sea operativa básica diaria y nada de información sobre cuentas de ahorro o temas más complejos. En ese caso, sí. Vamos ahora con un perfil del que se podría decir que es más peligroso incluso que el «vendemotos o fantasma». Ve cogiendo las palomitas, que se va a poner la cosa muy interesante...

La banquera agresiva y fría como el hielo

Oyes unos tacones pisando fuerte y giras la cabeza a la izquierda. Ves unos zapatos negros de tacón excesivamente alto, terminados en punta total (debo reconocer que he llevado mucho ese tipo de zapatos, lo mismo que algunas excolegas, y no éramos este perfil de banquera, o sea que no te fijes solo en eso); suele llevar falda un poco por encima de la rodilla (sé que parece que tiro de tópicos, pero digo lo que yo he visto después de muchos años trabajando en banca, como asesora financiera después y como clienta), una blusa y una americana.

Suelen tener entre cuarenta y cinco y sesenta y cinco años; más cincuenta que sesenta y cinco. La miras y ves que tiene una amplia y rígida sonrisa dibujada en el rostro, pero no sabes si es una máscara o si es naturalidad (si dudas, ojo al dato, que por algo es).

Un inciso antes de continuar: en cuanto aparezca en «la sala», aprovecha para echar un vistazo rápido a los empleados de tu alrededor. Si ves que la que está al teléfono lo cuelga a toda prisa; si ves que al pollo sin cabeza se le caen dos gotas por la sien en lugar de una, o incluso que los papeles se le van de viaje, esparciéndose por el suelo de la oficina; y si ves al vendemotos/fantasma poniéndole una alfombra roja a su paso, y el banquero chamuscado sube las cejas al verla venir... esa es ella, «la banquera agresiva, fría como el hielo». Anda con la cabeza tan alta que parece que, con el peinado de peluquería cara que lleva, va a rasgar el techo, destruyendo todo a su paso.

Suelen ser muy exageradas en gestos y sonrisas amplias (esas dan miedete; te lo digo por experiencia propia, no solo en banca, sino también en otros sectores). Y permíteme que te diga algo: si detectas a una persona con la que no te gustaría tratar, ya sea por su talante, actitud, mala energía o por pura intuición, que no sea entonces tu banquera. ¿Por qué? Porque te hará sentir incomodidad. Parecerá muy amable, pero suelen vender hasta zapatos del número 46 a un niño de ocho años.

¿Sabes por qué? Porque todo les da igual, ni sienten ni padecen; su falta de empatía es preocupante, solo piensan en ascender, en quedar bien en la foto con los directores de zona o los ejecutivos bancarios, y yo a eso lo llamo «falsa seguridad».

Hay muchas personas que pisan fuerte y tienen decisión, motivación también, por supuesto, pero no a cualquier precio; o sea, que no te dejes engañar por su sonrisa de cartón, porque si entras en su oficina saldrás hasta con una hipoteca sin haberte planteado ni tener una segunda vivienda. Pero ahí estarás tú, buscando un apartamento en primera línea de playa y endeudándote por algo que ni te habías planteado, con el seguro de vida y el seguro del hogar correspondiente, llevando la nómina a un banco que ni habías decidido que fuera el principal y hasta proporcionándoles clientes nuevos. Suena exagerado, pero bueno, cosas peores se han visto.

A eso lo llamo el «encanto de la lengua viperina». Así que no te la recomiendo en absoluto como banquera. Pero ojo, que no solo está este tipo de banquera tóxica que tiene a los compañeros acongojados y a los clientes engañados, existe el siguiente tipo de banquero que me crea el mismo rechazo y que he vivido demasiado de primera mano también, y es...

El banquero machirulo/machistilla

Ves que la «banquera agresiva y fría como el hielo» te ha saludado exagerada, pero no se ha parado del todo frente a ti, puesto que no le has dado la sensación de tener mucho dinero. De lo contrario, se te hubiera plantado delante y no te habría dejado escapar sin tu «pack de productos financieros innecesarios para ti», pero muy beneficiosos para el banco.

Suspiras al ver que te has librado. Cuando ha pasado de largo, has notado por dentro una sensación que no te ha gustado un pelo. De repente te das cuenta de que lo que hacía en realidad era dirigirse a la entrada a dar la bienvenida al siguiente perfil: el banquero «machirulo/machistilla».

¡Menudo perfil! Si eres una mujer joven y trabajas para ellos, es lo peor, vas a sufrir lo que no está escrito..., pero no voy a entrar en eso ahora. El tema es que elijas bien a tu banquero y, a menos que seas como él, a este no te lo recomiendo. Antes de explicarme, te cuento la forma de detectarlo. Suele estar muy preocupado por su entorno, solo sonríe a las mujeres y al vendemotos/fantasma (este le hace gracia porque le recuerda a él de joven, cuando entró en el banco; el vendemotos suele ascender rápido y el poder le hace volverse un mujeriego, a la vez que no respeta a sus compañeras, ya sean de su mismo nivel o superior).

Lo detectarás rápido. Suelen tener cargos de subdirector y director de oficina o jefe de banca privada. Cuanto más arriba, más machirulo. Guíate también por su edad, que suele oscilar entre los cincuenta y cinco y los sesenta y cinco años. Aquí sí que no te puedes fijar en los zapatos; este perfil puede vestir desde muy mal hasta muy bien, así que la ropa no te dirá nada.

Lo que sí suelen tener son tres cosas en común. Comprueba si nunca pasan de la media sonrisa, esa es la primera señal; también si les notas demasiada barriga, puesto que se pasan el día en comilonas de tres horas con sus clientes principales dejando mal a las mujeres o hablando como neandertales; y, el último y más determinante, fíjate en cómo trata a las chicas jóvenes de la oficina. Esa es la clave. Miradas lascivas, sudoración en la frente, frases fuera de lugar... Cada vez hay menos de estos por el tema generacional, pero todavía quedan algunos, así que, si tú no eres como ellos, te recomiendo que no sean tus banqueros. De lo contrario, irán de sobrados, te incomodarán sus comentarios anticuados y un largo etcétera que podría acabar perjudicando tu cartera y tus ahorros.

Lo sé, lo estoy explicando todo de una forma muy hiperbólica y algo exagerada, pero así te ayudará a imaginarlo mejor. Aunque ahora debes de estar pensando: «Vaya... ¿entonces no hay buenos banqueros? ¿A quién le "doy el poder" de ayudarme a gestionar mi dinero?».

Pues por fin llegamos a los banqueros como Dios manda, porque «haberlos haylos» y más de los que pensamos. Son los siguientes.

El banquero mayordomo

Después de evitar la mirada directa del banquero «machirulo» para que tampoco te atienda, ves a alguien que no mira al suelo, pero tampoco al cielo. Este perfil puede ser tanto de veinte años como de sesenta, y de cualquier sexo. Viste bien, normal, y mira mucho a su alrededor, pero para saludar a todo el mundo. Va con la cara relajada y, cuando ve a un cliente, le sonríe amablemente y con naturalidad.

Ojo a esto último, que es la diferencia con el resto. Lo más probable es que al verte en esa silla se dirija directamente hacia ti y te diga algo del tipo de «¿Llevas mucho tiempo esperando?». O «¿Puedo ayudarte en algo?». ¡Sí, sí y sí! Ese es de los asesores o banqueros buenos. Recuerda, primera señal: mira a su alrededor sin altivez y con normalidad. Segunda señal: te ve y sonríe de verdad. Tercera señal: te ofrece ayuda.

Esos valen su peso en oro, porque no solo no evitan atenderte, sino que además disfrutan haciéndolo. Quieren ayudar, tienen empatía y no soportan ver a gente esperando sin necesidad alguna; se ponen en tu piel.

Y además te tratan con amabilidad. ¿Sabes por qué? Porque te ven como a una persona a la que pueden ayudar de algún modo, no como una cartera andante a la que van a vaciar sin piedad, o como su subida en el *ranking* de ventas de la oficina. Así que, si tienes ocasión, haz que te atienda esa persona, porque ese perfil suele ayudar de corazón y, si ven que el cliente está desatendido o triste o incluso se siente incomprendido, será brutal lo bien que lo tratarán no solo esa vez, sino también las siguientes, porque no lo olvidarán. Se fijan en las personas.

Son gente amable a quienes les gusta atender a los demás; son pacientes, piensan en prestar un buen servicio, y suelen ser muy buenos banqueros porque no se dedican a ofrecerte algo que no deban, no desean perjudicarte ni a ti ni a tu familia y, menos aún, hacerte perder dinero o que te sientas mal, porque a ellos no les gusta ni hacer daño ni perjudicar a nadie.

Tampoco se guían por los buenos resultados en la oficina, así que el resto de los compañeros a veces no los ven como un gran activo para la sucursal, aunque se equivocan, porque ellos son los que hacen que la gente vuelva a esa oficina y no a otra. No suelen llamar la atención ni en vestimenta ni en actitud, pero son fáciles de detectar por una cuarta cosa que se ve en seguida: Cuando entran en la oficina, todos los clientes los saludan, y ¡por su nombre! Fíjate en cómo le dicen «hola» y si le sonríen. Lo más probable es que ese sea tu futuro banquero o banquera. En el caso de que en esa oficina no haya nadie de este tipo, o que en ese momento no pueda atenderte porque esté con otro cliente, no te frustres, porque quizá tengan del siguiente perfil y estarás también de suerte. A esos los llamo...

Los banqueros innatos

Después de que el banquero mayordomo te ofrezca ayuda, resulta que te comenta que tiene a una persona en su despacho y que, cuando termine, te atenderá encantado y que siente la demora; llevas unos segundos más sentado, a punto de coger tu abrigo e irte, cuando, de repente, aparece alguien a quien no solo saludan los clientes rápidamente, sino también los compañeros.

Entra con alegría en la oficina, con mucha energía, sonriente, una sonrisa de las buenas, de las de verdad. ¡Qué alegría ver a un empleado acudiendo así a la oficina! Te lo diré: yo era ese perfil. Y digo «era» porque ya no estoy en banca, pero te confirmo que despiertan muchas envidias porque los clientes quieren que les atienda solo esa persona. Este perfil, que suele ser tanto hombre como mujer, de entre veinte y sesenta y cinco años también, se hace notar cuando está en la oficina.

No van de listos, pero saben de lo que hablan, y, si

hay algo que se les escape, lo preguntarán a alguien del equipo que entienda de ello o buscarán el modo de resolverlo. Normalmente te invitarán rápido a que te sientes a su mesa. Suelen acumular varios papeles porque tienen mucho trabajo, pero nunca una montaña enorme, porque este perfil sí que trabaja; les suele caer más trabajo que al resto porque su buena actitud y su gran energía se confunden con un «venga, que le gusta su trabajo, pues hale, que me haga esto o lo otro».

Nunca dejan que suene el teléfono más de una o dos veces; a pesar incluso de estar con un cliente, no quiere desatender a nadie, y lo más probable es que tome nota de su número de teléfono y le diga que lo llamará en breve para no tenerte a ti mirando las musarañas.

Otra cosa que te ayudará a detectarlo es ver que tanto los empleados más jóvenes como los de más edad se le acercan para preguntarle cosas (suelen ser también muy serviciales con los compañeros, y muy resolutivos). Si es un banquero innato junior, lo detectarás porque cuando tenga alguna duda sobre algún tema del que no sepa todavía por falta de experiencia, con humildad te dirá que no lo sabe y que le des un segundito que lo va a preguntar al director de la oficina o a alguno de sus compañeros.

No utilizará tecnicismos, porque lo que busca no es demostrar todo lo que sabe, sino que lo entiendas y que salgas del banco habiendo comprendido lo que has hecho, y, sobre todo, que tomes las mejores decisiones para ti, tu familia y tu bolsillo. ¿Por qué? Porque le gusta su trabajo y ve que, gracias a entender de finanzas, puede ayudar a que la gente ahorre o a que tenga su casa o, al menos, a que no sufra tanto por el dinero.

Después de veinte años en banca y en gestión patrimonial, he visto que hay personas así, que solo piensan en el cliente y en sus necesidades, pero de verdad, no de boquilla o con un objetivo de venta. No piensan en que a ellos como banqueros les beneficie o no la decisión que tome el cliente, sino en si le va a beneficiar al cliente, y no solo a corto y medio plazo, también a largo plazo.

Todo eso lo notarás si observas muy bien tu entorno, y, si no lo detectas al momento, haz lo de ir descartando: busca al pollo sin cabeza o al machirulo, a la mujer de hielo o a todos los demás, y quédate con quien te sonría de verdad, porque créeme que un buen banquero, aunque tenga un mal día o problemas en casa, independientemente de todo eso, te tratará como te mereces, que es bien, o muy pero que muy bien, porque adora su trabajo, porque le nace de dentro y porque se preocupa por los demás.

CONCLUSIÓN

Ojo, si eres cliente de banca privada, te va a costar más detectarlo porque es cierto que ahí todos van igual de impecablemente vestidos, pero quédate con lo de la sonrisa sincera, y fíjate en a quién quieren los demás clientes que los atienda, en las preguntas que te formulen y en la frase sincera de «¿En qué te puedo ayudar?», y que luego lo hagan. Ten en cuenta esto, que es de vital importancia: tú eliges a tu banquero o banquera, no te olvides. Si no te gusta uno, cambias y, si no te aceptan el cambio, te vas a otra oficina o a otro banco, pero elige tú a tu banquero y, a poder ser, que sea de los «mayordomos» o de los «innatos». Con el tiempo, tus bolsillos y tú lo agradeceréis.

7

QUE NO TE VENDAN LA MOTO FINANCIERA

En el capítulo anterior ya has elegido al que será tu banquero. Como has visto hasta ahora, elegir al asesor correcto no es una tarea menor. Implica análisis, intuición y una visión clara de lo que se espera de esa relación, que indudablemente debes buscar que sea a largo plazo y fiable.

Ahora profundizaremos en qué esperar de él, cómo mantener una relación profesional saludable y cuándo saber que ha llegado el momento de cambiar, si es que fuera necesario. Ahora cambio de chip y volvamos un poco a la formalidad, porque se me estaba yendo de las manos.

¿Qué deberías esperar de tu asesor financiero?

1. **Una planificación personalizada:** Un asesor no es un vendedor de productos. Diseña un plan adaptado a tu vida: jubilación, compra de vivienda, sucesiones, seguros, filantropía, etc. Y busca las mejores propuestas y vehículos de inversión según tus necesidades. Sería bueno que te asesore con la mayor transparencia y honestidad posible.
2. **Un seguimiento periódico:** Debería sentarse contigo una vez al mes o una vez cada dos meses, porque, como bien sabes, las circunstancias cambian y tu plan debe ajustarse al entorno y a tus necesidades, aparte de que estés informado de lo que está ocurriendo con tus ahorros.
3. **Un acompañamiento emocional:** En momentos de volatilidad o de decisiones importantes, un buen asesor te calma y te guía para que decidas con criterio y no con miedo o impulsividad.
4. **Que te brinde acceso a herramientas y análisis:** Es bueno que disponga de elementos como simuladores o informes económicos, y los utilice. Un asesor puede ofrecerte una serie de herramientas y de análisis de mercados y carteras a los que no tendrías acceso de otro modo, y deberías aprovecharlo. Además, se aprende mucho con eso.

5. **Confidencialidad absoluta:** Tu vida financiera es información privada. El asesor debe garantizarte una confidencialidad total. Si ves que habla de otros utilizando nombres reales o es indiscreto, no es el asesor idóneo, pues en el mundo del asesoramiento patrimonial, la confidencialidad es primordial y tu dinero es solo tuyo. Debe tomarse muy en serio este aspecto.

En definitiva, no tengas miedo de entrevistarte con varios asesores. Es tu dinero, tu confianza y tu futuro los que están en juego. Tampoco es ideal trabajar con un asesor que conozca toda tu información, y cambiar cada poco y empezar de cero. Lo ideal es tener a largo plazo uno que ya te conozca bien tanto a ti como a tu familia, así como vuestros intereses y necesidades.

He aquí algunas señales de alerta que te permitirán detectar cuándo debes cambiar de asesor:

1. **Falta de comunicación constante:** Si pasan meses sin contacto con él o no te responde en semanas, no tengas ninguna duda en preguntarle de nuevo y, si es necesario, cambiar de asesor, porque tu asesor debe tener tiempo para ti.
2. **Decisiones sin tu aprobación o comprensión:** Si no entiendes lo que se está haciendo con tu dine-

ro, no hay confianza, y es una clara señal de alerta de que no está haciendo bien su trabajo. Antes de tomar ninguna decisión, debe explicarte al detalle en qué consiste, y debes entenderlo. De lo contrario, cambia ya mismo.

3. **Conflictos de interés evidentes:** Por ejemplo, si insiste en productos de su entidad sin explicarte otras opciones, o si siempre te ofrece los fondos de inversión con comisiones más altas. Esta es otra alerta de que piensa más en sí mismo o en su entidad que en ti y, por tanto, que no está enfocado en el cliente y no es alguien al que le deberías estar dando tu confianza respecto de tus inversiones.
4. **Resultados poco claros o decepcionantes:** No se trata solo de rendimiento, sino de consonancia con tus objetivos. Debe entender en todo momento cuáles son los resultados de tu cartera y por qué. No siempre se gana, eso está claro, pero si año tras año los resultados de sus recomendaciones o gestiones son decepcionantes, cambia de profesional.
5. **Si tienes una sensación constante de incomodidad:** Si no puedes hablar con libertad o sientes presión, no es tu asesor ideal. Este último aspecto es muy importante. Debe ser alguien que te transmita confianza real, que veas que puedes serle cla-

ro y sincero, que sientas que no te va a juzgar y que se va a preocupar por ti y por los intereses de tu familia. Siempre he considerado el asesoramiento financiero como un servicio al cliente real, una ayuda en el manejo de sus inversiones; y hay muchos otros profesionales con esta mentalidad, busca a uno de ellos.

¿Cómo evaluar el rendimiento de tu asesor actual?

1. Revisa tus objetivos, no solo los números: ¿Está avanzando tu plan? ¿Tus metas están más cerca? ¿Tienes paz mental?
2. Evalúa la comunicación: ¿Te explica todo con claridad? ¿Te sientes escuchado y respetado?
3. Comprueba la adaptabilidad: ¿Te ha ofrecido ajustes o cambios cuando ha cambiado tu vida o el mercado?
4. Contrasta con otros profesionales: Una segunda opinión puede ayudarte a ver si tu estrategia es sólida y adecuada para ti.

A continuación encontrarás una serie de ejercicios prácticos que te pueden ayudar con este tema para que no te vendan la moto financiera.

EJERCICIO 1. Tu carta al asesor ideal. Escribe cómo sería el perfecto para ti.

- ¿Qué te inspira confianza?
- ¿Qué lenguaje utiliza?
- ¿Cómo te hace sentir?

EJERCICIO 2. Autoevaluación financiera. Responde a la siguiente pregunta con sinceridad:

¿Qué decisiones postergas por miedo o falta de conocimiento?

EJERCICIO 3. Entrevista simulada. Prepara una lista de preguntas y simula una entrevista con un asesor (real o ficticio).

Evalúa qué respuestas te darían tranquilidad y cuáles te generarían alerta.

EJERCICIO 4. Plan de revisión. Establece una reunión trimestral contigo mismo (o en pareja) para revisar:

- Rendimiento de tus ahorros.
- Cambios en tus metas.
- Nivel de satisfacción con tu banquero y con tus decisiones financieras.

CONCLUSIÓN

Tu asesor financiero es un aliado estratégico y un guía. Elegir bien es una de las decisiones más importantes que tomarás en tu camino hacia la libertad financiera, porque no se trata solo de aumentar tu dinero, sino de sentirte acompañado, bien informado y en control de tu futuro. Y ahí fuera hay asesores realmente buenos que pueden ayudarte y, si te vienen recomendados por alguien de tu confianza, mejor que mejor.

8

PREGUNTAS INTELIGENTES PARA TU BANQUERO NO TAN INTELIGENTE

Ahora ya tienes tu asesor ideal, y más claro que nunca lo que necesitas y de quién vas de la mano. Una vez lo has encontrado y con tus ahorros encaminados, existe otro paso muy importante: el seguimiento de tu relación con esa persona y cómo manejar tus ahorros de la mejor manera posible. Y para eso he escrito este capítulo.

Te cuento que antes de estar durante diez años en el mundo del *multifamily office* en Estados Unidos (se trata de empresas privadas que ayudan a clientes en la gestión de las inversiones, y revisan incluso el trabajo de los banqueros, entre muchas otras cosas), estuve trabajando unos años en banca privada. Una de las cosas que detecté cuando era banquera es que muchos clientes no se animaban a preguntar demasiado una vez que ya habían invertido y lo tenían todo «colocado». Desconozco si era porque habían tenido malas experiencias con otros banqueros en el pasado o porque no les destinaban tiempo o por cualquier otro motivo, lo que sí te diré es que no tengas vergüenza o reparo en preguntar a tu banquero o asesor financiero todo lo que no sepas, por muy básica que pienses que sea la pregunta.

Todos somos conscientes de que nadie puede saber de todo en esta vida. Así como un financiero no sabe de arquitectura o de lo que tú domines por tu experiencia profesional, es del todo normal que tú no sepas de finanzas todo lo que pueda saber alguien que se dedica día tras día a ello. Así que te animo a que pierdas el miedo a preguntar.

Esto que parece tan básico a veces lo podemos dejar en un segundo plano, y no debería ser así. Quien te asesora sobre tu dinero es más importante de lo que tú crees. Un error, una mala recomendación o una falta de gestión y atención hacia ti como cliente, pueden afectar muy negativamente a tus finanzas, y tus finanzas no son «solo» dinero; recuerda que se trata de tu estabilidad financiera y emocional (la tuya y la de tu familia). Sé que esto lo he repetido, pero lo hago para que, cuando termines este libro, lo tengas en cuenta en todo momento.

Con el título de este capítulo no quiero decir que los

banqueros no sean inteligentes, a lo que me refiero es a que a veces pensamos que saben más de lo que realmente saben, o se les tiene un respeto desmesurado y se va con un poco de miedo a hablar con ellos. Lo entiendo, pero no debería ser así. Lo primero que sería ideal que hicieras es rebajar un poco el pensamiento que puedas tener sobre estas personas como los sabios más sabios del mundo sobre finanzas, porque no lo van a ser. Tu banquero no lo va a saber todo y seguramente en más de una ocasión deberá preguntar cosas también a sus superiores o a otros compañeros. Y así como cuando vamos al médico no tenemos miedo a preguntarle cosas al médico que tenemos delante (solo tememos que nos pueda decir que tengamos alguna enfermedad grave), lo mismo deberíamos hacer con nuestro banquero. De la misma manera en que a los médicos les preguntas todo y, cuando te dicen alguna palabra que no entiendes, les pides que te la aclaren, haz exactamente lo mismo con tu asesor.

Si, cuando lo hagas, suspira o pone los ojos en blanco o tiene una mala reacción, no te sientas mal ni vayas a dejar de preguntar por ello; todo lo contrario, siente orgullo por tu valentía y sé consciente de que, gracias a esa pregunta, habrás detectado que tu asesor no está hecho para ti. Y eso te hará cambiar a otra persona que te asesore encantada y que resuelva tus dudas sin suspiros, con entusiasmo y ganas.

Dicho esto, uno de los errores más comunes entre inversores es no hacer las preguntas adecuadas. Créeme, hacer las preguntas correctas no solo te da control, sino que también revela la calidad del profesional que te acompaña. Por eso, a continuación, te ofrezco un listado de once preguntas que puedes formularle a tu banquero y te explico por qué es importante hacérselas.

1. **Cuando me surjan dudas, ¿te puedo llamar?**
   Esta pregunta es importante y sería bueno que la formularas antes de elegir al banquero. Si no lo has hecho, no hay problema, hazlo ahora. Su respuesta te revelará el tipo de carácter de tu asesor, si es servicial o no, si te va a resolver al instante cualquier problema que tengas, y si estará disponible para ti. Esto es de vital importancia, sobre todo con el tema del dinero y los factores externos que puedan surgir de repente, como caídas repentinas de los mercados por una pandemia (como sucedió en 2020 debido al covid y la pandemia mundial). Tener a un asesor que te coja el teléfono es de las cosas más importantes que hay.

2. **¿Qué experiencia tienes con clientes de un perfil como el mío?**
   No todos los perfiles de inversión y familias son iguales. Una estrategia adecuada para una persona joven puede no ser la mejor para el dueño de una

empresa familiar. El conocimiento del asesor sobre tu situación particular marca la diferencia.

3. **¿Cómo construyes y revisas mi cartera de inversión?**
Sirve para que sepas si la cartera es personalizada o si es una solución genérica. Además, la revisión periódica es clave para adaptarse a los cambios del mercado o personales. Es bueno detectar si es alguien que estará pendiente de lo que sucede con tus inversiones.

4. **¿Qué riesgos estoy asumiendo en este momento?**
Muchos inversores desconocen realmente el riesgo de sus inversiones. Esta pregunta obliga al asesor a explicarte de manera clara a qué te expones y las vulnerabilidades que tienen tus operaciones. En caso de que lo desconozca, con esta pregunta lo obligarás a que analice el asunto para darte una respuesta, incluso a que se realicen cambios si fuera necesario.

5. **¿Cómo se adaptan mis inversiones a mis objetivos y a mi horizonte temporal?**
Cada inversión debe responder a un objetivo específico (jubilación, compra de propiedad, pagar un curso de formación, etc.). Si tus inversiones no es-

tán en consonancia con tus metas personales y con tus plazos, la estrategia estará mal diseñada. Esta pregunta te demostrará si se preocupa realmente de tus necesidades y si se ha molestado en escucharte lo suficiente y en estudiar tu situación.

6. **¿Qué comisiones estoy pagando en total?**
En ocasiones los costes no están definidos con claridad o simplemente no sabemos encontrarlos. Comisiones de gestión, custodia, éxito, de entrada y salida; todas deben ser totalmente transparentes. Ahora, con la normativa MiFID en Europa y la implementada en Estados Unidos desde la crisis de 2008, suelen ser mucho más transparentes, ya que, por ley, han de seguir las nuevas regulaciones, pero es importante que tengas una idea clara de cuánto pagas y por qué. Así que pregúntaselo y revisa los costes, aunque solo sea una vez al año.

7. **¿Qué pasaría con mi cartera de inversión en una situación de crisis o recesión?**
Esta pregunta mide la preparación del asesor ante circunstancias adversas. Debes entender cómo de resiliente es tu estrategia frente a caídas del mercado, y los conocimientos que tiene tu asesor al respecto. También si está informado sobre la política y economía global. Todo suma.

8. **¿Qué alternativas existen a los productos que me estás recomendando?**
Esto te permite saber si el asesor está evaluando otras opciones o simplemente dando prioridad a un producto propio o de su entidad (en caso de que tengan productos propios). Siempre es bueno que te facilite más de una alternativa y tú evalúes cuál te parece mejor.

9. **¿Qué ocurre si quiero acceder a mi dinero antes de lo previsto?**
Algunos productos financieros tienen restricciones de liquidez. Es crucial saber cómo y cuándo puedes disponer de tus fondos y si tienes algún tipo de penalización en caso de querer retirarlos antes de su vencimiento.

10. **¿Qué porcentaje de mi patrimonio debería mantener líquido o disponible?**
Tu especialista en finanzas debe ayudarte a equilibrar liquidez, rentabilidad y riesgo según tu perfil inversor. Esta pregunta ayuda a planificar tu fondo de emergencia y tus inversiones a corto plazo. Lo ideal es que te haga preguntas para entender mejor tu situación familiar y profesional, para calibrar tu nivel de gastos mensuales, etc.; pero, si no lo hace, explícaselo tú. Analiza bien esta res-

puesta antes de ir a hablarlo con tu guía financiero, porque, por ejemplo, si tienes a tu cargo dos hijos o una persona de la tercera edad, o piensas que vas a necesitar más dinero de lo normal para atención médica o para pagar extraescolares a corto o medio plazo, son datos que debe conocer a fin de asesorarte mejor al respecto.

Si te dice que lo inviertas absolutamente todo y no dejes ni un 2 % del total de tus ahorros en una cuenta corriente o de disponibilidad inmediata, es que no está mirando por ti. Es de vital importancia que tengas siempre algo para urgencias, que será una cantidad mayor o menor según tu situación personal.

11. ¿Cómo evaluamos el rendimiento de mi cartera a lo largo del tiempo?

Es esencial que exista una métrica clara y objetiva para medir si tus inversiones están cumpliendo tus objetivos. Lo ideal sería que, un mes antes de cada vencimiento, te pusieras a revisar cómo ha ido y a pensar qué hacer después con ese dinero. También es importante analizar conjuntamente por lo menos una vez al año cómo ha ido ese ejercicio en lo que a la rentabilidad total de tu cartera se refiere.

CONCLUSIÓN

Hacer estas preguntas te posiciona como una persona informada, proactiva y consciente. No se trata de dudar de tu asesor, sino de construir una relación basada en la confianza, la transparencia y la estrategia. Piensa que nadie cuidará de tu patrimonio con más interés que tú. Uno de tus roles a la hora de buscar tu libertad financiera no es saberlo todo, sino saber qué preguntar y a quién, pero, sobre todo, de quién vas de la mano en lo tocante a tu dinero.

9

HABLA DE DINERO SIN MIEDO

Ya tienes claro que el dinero importa y los productos financieros que existen, trabajas con el asesor correcto, y conoces qué comisiones pagas e incluso cómo tienes tus ahorros distribuidos. Ahora vamos a centrarnos en romper un poco con el tabú que existe en la sociedad actual respecto a hablar de dinero.

En muchas culturas es más fácil hablar de relaciones íntimas o problemas de salud que de finanzas personales. Sin embargo, el silencio financiero solo perpetúa la ignorancia, el miedo, la desigualdad y la desinformación. Aprender a hablar de dinero con naturalidad, respeto y claridad puede transformar tus relaciones familiares, de pareja, laborales y sociales en general. Así que este capítulo es una invitación a romper ese silencio y a crear espacios seguros donde el dinero no sea una fuente de vergüenza o de poder, sino un tema humano, transparente y enriquecedor.

¿Cómo deberían ser las conversaciones sobre dinero en familia, en pareja y en la empresa?

1. **Habla de dinero con tu familia:** Hablar de dinero en casa permite enseñar con el ejemplo. Los niños que crecen escuchando conversaciones responsables sobre dinero desarrollan mejor inteligencia financiera y eso les beneficiará en la etapa adulta.

   Estas son algunas de las preguntas que podéis plantearos en familia para iniciar vuestras conversaciones sobre el dinero:

   - ¿Cuál es nuestro presupuesto mensual familiar?
   - ¿Cuánto cuesta lo que usamos o consumimos?
   - ¿Cómo ahorramos juntos para un objetivo concreto que tenemos?
   - ¿Qué aprendimos de una mala experiencia financiera que tuvimos?

> **Caso real:** La familia Pérez tiene una reunión mensual donde sus hijos de diez y trece años aprenden cuánto cuesta la comida, el gas o su colegio, lo que ha fortale-

cido la conciencia de los niños sobre los recursos y el dinero, y el respeto hacia ellos.

2. **Habla de dinero con tu pareja** (esto lo desarrollaré en el capítulo siguiente, titulado «Finanzas en pareja»). Uno de los principales motivos de discusión entre parejas es el dinero. Te adelanto algunos de los temas a tratar abiertamente:

   - ¿Cómo dividimos los gastos?
   - ¿Cuánto aportamos a nuestros ahorros cada uno?
   - ¿Cómo tomamos decisiones grandes (hipotecas e inversiones)?
   - ¿Qué prioridades financieras compartimos?

Caso real: Clara y Jorge usan una cuenta conjunta para gastos familiares y mantienen cada uno sus cuentas individuales porque así es como lo quieren gestionar los dos después de hablarlo abiertamente. Incluso han ideado una «cita financiera» mensual para revisar objetivos sin juicios sobre el tema.

3. **Habla de dinero en la empresa:** En este punto no hablo del dinero propio de cada uno de nosotros, sino del dinero del que disponen los equipos, cuestión que debe abordarse con transparencia

profesional. Aunque lo ideal sería que pudiera hablarse de la estructura salarial de una forma clara y sin tabúes, en este caso me refiero a promover conversaciones sobre presupuestos, márgenes y rentabilidad, incluso a enseñar a los empleados a leer informes financieros.

> **Caso real:** En una *startup* tecnológica, el fundador comparte con el equipo mensualmente los resultados económicos de forma visual y didáctica, lo que ha aumentado la comprensión del negocio y un mayor compromiso por parte de todos.

¿Cómo puedes normalizar el dinero en tus círculos sociales y profesionales?

1. Habla desde la experiencia, no desde el juicio. Utiliza frases como «a mí me ha servido...» o «cuando probé esto aprendí...».
2. Formula preguntas abiertas sobre el tema, pero no invasivas. En vez de «¿cuánto ganas?», prueba con «¿cómo decidiste organizar tus finanzas?». Y no lo hagas por cotillear, sino por aprender cómo actúan otros. Incluso a veces te pueden dar alguna idea sobre la que preguntar luego a tu banquero.
3. Comparte recursos, pero sin imponer opiniones.

Recomienda libros, pódcasts y otras herramientas que te hayan parecido útiles o te hayan recomendado a ti. Eso sí, deja que cada persona explore a su ritmo. Limítate a sugerir ideas sin presionar a los demás.

4. Rompe el hielo con humor o curiosidad sobre el tema de un modo natural. Usa frases del tipo «¡Siempre me confundo con los fondos! ¿Tú cómo logras entenderlos?». Humaniza la conversación y no preguntes sobre información sensible como el total del dinero que tiene la otra persona u otras cosas que puedan incomodarla.
5. Respeta los límites de los demás. No todo el mundo es igual a la hora de hablar del dinero y, debido al tabú que existe socialmente, tendrás que andar con pies de plomo al principio. Si alguien no quiere hablar de dinero, no insistas. Ofrece, no impongas.

Caso real: En un grupo de amigas, una propuso un «Club del dinero» donde cada mes se reúnen y hablan de un tema (ahorro, inversión o tarjetas de crédito) con una copa de vino o un té y sin juicios ni competiciones. El resultado: más confianza entre ellas y sobre el tema, e incluso mejores decisiones. Le quitan hierro al asunto, a la vez de que le dan la importancia real que tiene y, sobre todo, han perdido el miedo a hablar de dinero.

Guía práctica para romper tu propio silencio financiero

Te propongo que des los siguientes pasos y te hagas las siguientes preguntas, que te ayudarán tanto a conocerte mejor en lo tocante a tu relación con el dinero como a romper con el tabú financiero.

PASO 1. Reflexiona sobre tus propias creencias:

- ¿Qué aprendiste sobre el dinero en tu infancia?
- ¿Sientes vergüenza, miedo, superioridad o culpa al hablar de dinero?
- ¿Qué emoción quieres cultivar al hablar del tema?

PASO 2. Elige un entorno seguro:

- Habla en privado, sin presión ni distracciones.
- Crea acuerdos: «Hablemos sin juzgar», «Vamos a aprender juntos».

PASO 3. Usa un lenguaje claro y emocionalmente neutro:

- Evita términos técnicos si la otra persona no los va a entender.
  - Habla en primera persona: «Yo siento...», «Yo necesito...».

PASO 4. Propón objetivos conjuntos:

- En pareja o familia: «¿Y si ahorramos juntos para ese viaje?» y «¿Cómo podemos hacerlo?».
- En equipo: «¿Qué cambios podríamos hacer para mejorar el presupuesto?».

PASO 5. Celebra los logros y los aprendizajes:

- Cuando una conversación difícil haya dado frutos, reconócelo.
- Valida el esfuerzo de hablar con sinceridad.

PASO 6. Tu historia con el dinero:

- Escribe una carta a tu «yo financiero» en la que cuentes cómo te has relacionado con el dinero hasta ahora. ¿Qué patrones ves? ¿Qué quieres cambiar?

PASO 7. Te invito a que hagas un «juego de rol» con un amigo o tu pareja:

- Simula una conversación difícil sobre dinero.
- Practica cómo decir lo que necesitas con claridad y empatía.

PASO 8. Escribe un diario de conversaciones:

- Durante un mes, cada vez que hables de dinero, anótalo. ¿Con quién ha sido? ¿Qué emoción sentiste? ¿Qué aprendiste?

PASO 9. Hazte estas preguntas para empezar una conversación:

- ¿Qué significa para ti tener libertad financiera?
- ¿Cuál ha sido tu mayor aprendizaje económico?
- ¿Qué harías si tuvieras el doble de dinero?
- ¿Qué harías si tuvieras la mitad de dinero?
- ¿Te gusta hablar de dinero?

CONCLUSIÓN

Hablar de dinero no es de mal gusto. Es valiente. Es responsable y es humano, siempre que lo hagas bien. Como te decía al principio de este capítulo, el silencio solo perpetúa la ignorancia sobre el tema, el miedo y la desigualdad. La conversación, en cambio, abre puertas: al aprendizaje, a la cooperación y a la conciencia. Habla con respeto, con apertura y con humor si hace falta, porque normalizar el dinero es el primer paso para alcanzar la libertad financiera que buscas.

10

FINANZAS EN PAREJA. MANTÉN TU MATRIMONIO UNIDO... O NO

El dinero es una de las principales causas de conflicto en las relaciones de pareja y también uno de los temas más ignorados. Sin embargo, cuando se gestiona bien, puede convertirse en una poderosa herramienta de unión, crecimiento conjunto y estabilidad familiar. En este capítulo exploraremos cómo puedes hablar con tu pareja sobre dinero sin tensión, cómo organizar tus finanzas de forma individual si no tienes pareja, o conjunta si la tienes, y cómo transmitir una educación financiera positiva a tus hijos desde edades tempranas.

¿Cómo hablar de dinero con tu pareja sin conflictos?

La comunicación financiera es un pilar esencial en una relación sana. Hablar de dinero no debería ser tabú. Sin embargo, muchas personas llegan a la vida adulta con creencias arraigadas, heridas económicas y patrones de conducta que arrastran desde la infancia. Por ello te voy a adelantar otras claves más para tener conversaciones saludables sobre el dinero:

- Busca el momento adecuado. No hables de finanzas durante una discusión o bajo presión. Elige un momento en el que ambos estéis tranquilos, tengáis tiempo y no haya distracciones.
- Habla con sinceridad y no temas mostrarte vulnerable. Comparte tus experiencias pasadas con el dinero, tus miedos, metas y aspiraciones.
- Evita juicios o reproches. El dinero es emocional. Evita frases como «nunca ahorras» o «eres una persona muy tacaña». En su lugar, usa afirmaciones como «me gustaría que nos sintiéramos más seguros con nuestras finanzas». Eso marcará la diferencia.
- Establece metas comunes. ¿Queréis comprar una casa, pagar deudas o liquidar esa tarjeta de crédito? ¿Tenéis como meta ahorrar para un viaje? Los pro-

pósitos unen y dan sentido al esfuerzo compartido. Buscad el vuestro y hablad sobre ello.

- Revisiones periódicas. Como te decía en el capítulo anterior, estableced «reuniones financieras» o «citas financieras» una vez al mes o cada dos meses para revisar cómo van los gastos, qué podéis mejorar y, de paso, celebrar los logros. Verás lo mucho que os animaréis al comprobar que entre los dos estáis logrando aumentar la cuenta de ahorro, aunque sea en 30 € o 100 €, o la cantidad que sea, para compraros esos ansiados billetes de avión e ir a Mallorca este verano.

> **Caso real:** Mariana y Jacinto decidieron agendar cada primer domingo de mes un desayuno financiero en el que revisan sus ingresos, gastos y proyectos futuros. Así hacen los ajustes juntos. Esta práctica les ha permitido ahorrar de cara a comprarse los muebles que necesitaban para un piso nuevo sin discusiones ni resentimientos y, a la vez, se sienten más unidos y con un propósito y un control financiero común.

Modelos de gestión financiera en pareja

No existe una única forma «correcta» de gestionar el dinero en pareja. Lo importante es que el modelo elegido funcione para ambos. A lo largo de mi carrera en gestión patrimonial he visto todo tipo de parejas y de gestiones, ya fuera con cuentas conjuntas, separadas o una mezcla de las dos. Lo ideal es que lo hables con tu pareja incluso antes de irte a vivir con ella. Estas son las opciones más comunes:

1. **Optar por cuentas separadas.** Cada uno gestiona su dinero de forma independiente. Esta opción puede ser ideal si hay ingresos muy distintos o estilos financieros muy diferentes, y para personas muy independientes. Ten en cuenta que requiere acuerdos claros sobre los gastos comunes.
2. **Optar por tener cuenta conjunta.** Aquí compartiréis todos los ingresos y gastos, e incluso los ahorros de ambos, siempre en cuentas a nombre de los dos. Esta opción es ideal para parejas con objetivos totalmente compartidos o con alta confianza mutua. Ten en cuenta que necesita de mucha comunicación y coordinación.
3. **Optar por el modelo mixto.** En este caso, cada uno tiene su cuenta personal, incluso de ahorros propios, pero también una cuenta común para gastos compartidos. Este modelo se puede llevar a cabo aportando los dos a la cuenta conjunta la misma cantidad todos los meses, o en proporción a los ingresos de cada uno. Si uno cobra más, aporta el

60 % de lo que gana y el que menos, el 40 %, si es que habéis descartado hacerlo a partes iguales.

Sería bueno que tu pareja y tú revisaseis el modelo una vez al año y que estuvierais abiertos a ajustarlo según los cambios que lleguen a vuestra vida (hijos, cambio de empleo, mudanzas, etc.). Y, sobre todo, que seáis conscientes de que no os queréis menos por no tener todo el dinero de los dos en cuentas a nombre de los dos, ni viceversa: son formas de entender el dinero y de ser de cada uno, eso es todo.

Incluso, aunque tengáis cuentas separadas, es fundamental definir:

- ¿Quién paga qué?
- ¿Cómo se manejan las deudas?
- ¿Qué porcentaje se destina al ahorro conjunto?
- ¿Qué pasa si uno gana mucho más que el otro?
- ¿Cómo se gestionan los regalos, las vacaciones y/o los imprevistos personales y familiares?

Desde luego, crear un fondo común para metas familiares (vacaciones, educación y emergencias) y otro para proyectos individuales te evitará tensiones por pequeñas diferencias.

¿Tienes hijos? Enséñales desde pequeños sobre el dinero (entraré en detalle en el capítulo titulado «El ahorro y el arte de criar previsores»). Hay que tener en cuenta que la educación financiera empieza en casa. Los niños aprenden más por lo que ven que por lo que se les dice. Integrar conversaciones y prácticas financieras en la vida familiar puede marcar una gran diferencia en su futuro. A continuación te muestro algunos ejercicios que puedes llevar a cabo según la edad de tus hijos.

Ejercicios para peques de entre tres y seis años:

- Jugar a tiendas o usar monedas de juguete.
- Enseñar la diferencia entre «necesidad» y «deseo».

Ejercicios para menores de entre siete y diez años:

- Darles una pequeña asignación semanal.
- Enseñarles a dividir el dinero en tres frascos: gastar, ahorrar y donar.
- Leer juntos cuentos o libros infantiles sobre dinero o que lo mencionen brevemente. Luego tú puedes desarrollar un poco el tema. Así irás normalizando el hablar de dinero.

Ejercicios para adolescentes de entre once y quince años:

- Incluirlos en la planificación de un viaje o compra familiar.

- Mostrarles cómo comparar precios, e incluso a usar aplicaciones de móvil para el presupuesto.

Ejercicios para jóvenes de dieciséis años o más:

- Hablar de tarjetas de crédito, de intereses, hipotecas, etc.
- Enseñarles a hacer un pequeño presupuesto mensual.
- Incentivar el ahorro para un objetivo personal.

> **Caso real:** La familia Martínez creó «el banco de mamá y papá». Cada hijo recibe una paga semanal con condiciones: si ahorran un 10 %, reciben un pequeño «interés» como premio. Así, los niños aprenden sobre ahorro y planificación desde pequeños. Esto incluso los incentivará para que ahorren el día de mañana, y crecerán sin tener miedo a enfrentarse a sus cuentas bancarias o a hablar de dinero en su vida adulta.

Valores financieros en familia

Más allá de técnicas y números, la familia es el lugar donde se forman los valores financieros. Valores como la generosidad (donar parte del dinero o del tiempo); la responsabilidad (cumplir con sus compromisos financieros y entender las consecuencias de no hacerlo); la paciencia (postergar gratificaciones para lograr objetivos mayores, como decirles que si no se compran esa caja de caramelos más adelante tendrán dinero para la videoconsola o el cómic que tanto desean desde hace tiempo); y, por último, la independencia (enseñarles a tomar decisiones y a asumir las consecuencias de estas).

CONCLUSIÓN

Hablar de dinero en pareja y en familia no solo es posible: es necesario. Cuando se hace con respeto, empatía y planificación, fortaleces vínculos, construyes confianza y permites avanzar hacia objetivos comunes. A veces los mejores legados no son solo los económicos, sino las herramientas y los valores que transmites a las personas que más quieres. Cultivar en casa una relación sana con el dinero es una de las decisiones más inteligentes y amorosas que puedes tomar.

11

LA TRAMPA DEL CRÉDITO. DEUDAS NO, GRACIAS

En este capítulo voy a hablarte con claridad sobre el crédito y las deudas porque, además de ser un tema más importante de lo que pensamos en nuestras finanzas, es uno de los elefantes que tenemos en nuestra habitación financiera.

Por mi trabajo he visto a tanta gente asfixiarse por deudas debido a hipotecas, préstamos personales e incluso líneas de crédito para sus empresas que se me pone la piel de gallina en cuanto me vienen a la cabeza esas personas y sus historias.

Sin embargo, también he visto que una buena gestión de riesgos y deuda te puede cambiar la vida a mejor. Así que primero te explicaré los tipos de crédito más comunes que existen, luego te resumiré algunos pros y contras, describiré algunos casos reales y, por último, te dejaré una breve lista de preguntas que pienso que es esencial que te hagas antes de pedir un préstamo (sea hipotecario o del tipo que sea).

En definitiva, la línea entre el uso saludable del crédito y el endeudamiento excesivo es muy fina, y cruzarla puede poner en riesgo tu estabilidad y la de toda la familia.

Este capítulo está diseñado para enseñarte cuándo es conveniente recurrir al crédito, cómo evitar el sobreendeudamiento y qué señales debes vigilar y atender para no caer en una situación de fragilidad económica o incluso en la ruina total.

¿Qué es el crédito y para qué sirve?

El crédito es un acuerdo generalmente entre una entidad financiera y un individuo, mediante el cual se concede una cantidad de dinero que deberá ser devuelta en un plazo determinado, con un interés y un pago adicional. Sirve como herramienta para adelantar decisiones importantes que de otro modo requerirían años de ahorro. Por ejemplo, una hipoteca permite comprar una casa sin necesidad de contar con el 100 % del valor de la propiedad. Un crédito universitario o para estudios puede abrir oportunidades profesionales en un futuro. Pero también hay quienes utilizan el crédito para cubrir gastos corrientes, y esto puede ser una señal de alerta de que las cosas no nos están yendo bien.

Tipos de deuda más comunes

1. **Tarjetas de crédito:** Permiten pagar a plazos, pero, si no liquidas el total en cada periodo, los intereses pueden superar el 20-25 %. Es uno de los instrumentos más peligrosos si no se gestionan con disciplina y máximo control.
2. **Crédito personal:** Es un dinero que te presta el banco o una entidad financiera para que lo utilices libremente: viajes, estudios, reformas o imprevistos. Los intereses suelen ser más altos que en otros préstamos, aunque son más flexibles. Cuidado con la duración y los costes ocultos. Por ejemplo: pides un crédito personal para reformar la cocina y lo devuelves en cuotas mensuales durante tres años, añadiendo a lo que te ha costado la reforma el interés que hayas acordado con la financiera (7 %, 14 %...).
3. **Crédito hipotecario:** Es un préstamo a largo plazo destinado a la compra de una vivienda. Implica un compromiso financiero durante muchos

años. Suele tener tasas de interés más bajas debido a la garantía real. Es importante que compruebes que el pago mensual no supere el 30 % de tus ingresos. Ten en cuenta que es una decisión financiera de largo recorrido. Normalmente contratas una hipoteca para comprar tu vivienda habitual o una segunda residencia, y la pagas en veinte o treinta años.

4. **Crédito al consumo:** Se utiliza para financiar compras concretas como electrodomésticos, coches o tecnología. Es cómodo y rápido, pero suele tener intereses elevados si se paga a plazos largos. Son muy utilizados en tiendas y comercios. Ten en cuenta que la comodidad puede salir cara, pero esta decisión es muy personal, como el resto de los créditos, y depende mucho de las posibilidades económicas. Un ejemplo de crédito al consumo sería financiar un ordenador para pagarlo en doce meses, con un tipo de interés del 17 %, porque en ese momento no cuentas con los 1.500 € que cuesta.
5. **Línea de crédito:** El banco te concede un límite máximo de dinero del que puedes disponer según tus necesidades y capacidades financieras. Solo pagas intereses por la cantidad que realmente utilizas, por lo que es habitual en negocios y autónomos. Por ejemplo, un autónomo puede acudir

a una línea de crédito para cubrir meses con menos ingresos o un empresario utilizarla para pagar las nóminas de ese mes de sus empleados porque se ha quedado sin liquidez (dinero en la cuenta) debido a que los proveedores no le han pagado a tiempo.

6. **Microcréditos:** Son préstamos de pequeñas cantidades y devolución rápida. Están pensados para urgencias, pero sus intereses son muy altos, por lo que deben usarse solo como último recurso. Por ejemplo, se te ha estropeado la lavadora y pides a una entidad un microcrédito de 600 € para comprarte una nueva, o uno de 300 € para que te arreglen la que tienes.

¿Cuáles son los pros y los contras del crédito y del endeudamiento?

Endeudarse no es ni bueno ni malo en sí mismo, todo depende de cómo, para qué y en qué momento se utiliza este mecanismo. Entender sus ventajas y sus riesgos te ayudará a tomar decisiones más conscientes. Veamos a continuación esas ventajas e inconvenientes a tomar en consideración:

Ventajas de los préstamos y del crédito

- Permiten acceder hoy a bienes o servicios que no podrías pagar de golpe, como una vivienda o unos estudios.
- Ayudan a repartir gastos importantes a lo largo del tiempo.
- Pueden ser una herramienta útil para invertir en formación, negocios o mejora profesional.
- Bien gestionados, facilitan la planificación financiera.
- En algunos casos, los intereses son asumibles y razonables.

Inconvenientes y riesgos del endeudamiento

- Los intereses encarecen todo lo que compras.
- Reducen tu libertad financiera futura.
- Pueden generar estrés y preocupación constante.
- Caer en el sobreendeudamiento es fácil si no se controla.
- Algunos créditos tienen condiciones poco transparentes.
- Las deudas mal gestionadas se acumulan y se vuelven difíciles de pagar.

¿Cuándo es mejor NO endeudarte y evitar recurrir al crédito?

- Cuando no puedes cubrir tus gastos mensuales sin recurrir a préstamos.
- Cuando ya tienes varias deudas abiertas y te cuesta llegar a fin de mes.
- Cuando el préstamo o crédito se destina a compras impulsivas, viajes o consumo inmediato innecesario.
- Cuando no tienes una fuente de ingresos estable que te permita devolverlo.

Caso real: Alejandra financia unas vacaciones de verano con su tarjeta de crédito porque no quiere «perderse el momento». Al volver a Madrid debe pagar más de mil euros en tres cuotas, con un interés del 23 %. Lo que comenzó como una escapada divertida se convirtió en un lastre financiero que afectó a su presupuesto mensual. Le costaba tanto pagarlo que necesitó más tiempo del debido, tuvo que pagar más intereses, y el asunto le quitó la tranquilidad durante meses hasta que por fin la deuda quedó a cero.

¿Cuál es el nivel de endeudamiento saludable?

Un indicador básico de buena salud financiera es que tus deudas no superen ciertos umbrales con relación a tus ingresos:

- Deuda total (hipoteca + préstamos): el máximo debería ser del 35 % del ingreso neto mensual (lo sé, muy difícil en los tiempos que corren).
- Deuda de consumo (tarjetas + créditos personales): idealmente menos del 15-20 % del ingreso neto total.

Superar estos límites reduce tu capacidad de ahorro y aumenta el estrés financiero y el de tu propia salud física y mental, a la vez que te deja sin un colchón frente a imprevistos, entre muchos otros problemas directos e indirectos que te pueden surgir de todo ello.

A veces tenemos pánico de firmar un contrato con un socio para montar una empresa, o un documento para hacernos pareja de hecho o casarnos por la Iglesia o por lo civil, y sin embargo, firmamos muy fácilmente un documento bancario que es muy severo, con muchas condiciones, y que nos puede acarrear consecuencias catastróficas o maravillosas según nos vaya la vida no durante un día o un mes, no, ¡sino durante los siguientes treinta años!

En ocasiones, oigo a personas que dicen «hipotécate varias veces y alquilas los pisos y vives de las rentas». Por favor, ¿han pensado que no todo el mundo tiene la misma realidad o circunstancias? ¿Han pensado antes de recomendar algo así a alguien si esa persona tiene un colchón o si contaría con ayuda familiar en caso de no poder hacer frente a algún pago? ¿Han pensado en qué ocurre cuando no encuentras inquilinos o cuando te dejan de pagar la renta porque la familia que te tiene alquilada la vivienda se ha quedado sin dinero, o si te la ocupan? ¿O si tú, el propietario, pierdes tu trabajo, o si lo pierde tu pareja o si te divorcias?

No quiero meterte miedo, sino solo hacerte ver que son muchos años los que hay delante y pueden suceder muchas cosas durante ese contrato financiero de alto riesgo que estás firmando. Con cariño te digo que antes de tomar esa decisión tan crucial, como es el hipotecarte, te organices bien, que seas realista y que tengas en cuenta todos esos factores, porque sé de primera mano lo mucho que se sufre, y no solo lo he vivido en carnes propias, sino que lo he visto en familias y en personas tanto solas como acompañadas, así como sus terribles consecuencias. Lo peor es querer pagar una deuda y no poder. Y toda la cadena de desagradables desdichas que llegan después... ¡Buf! Ahí sí que te digo que, si no lo ves claro, ¡pasa! «Créditos no, gracias».

En definitiva, el crédito debe ser una herramienta, no

un hábito. Antes de endeudarte, pregúntate si esa deuda te acerca o te aleja de la vida financiera que quieres. Y, lo más importante, si eres uno de los miles y miles de ciudadanos de España que, tras una crisis financiera, profesional o personal, te has endeudado con una hipoteca o un préstamo personal y ahora te resulta imposible pagar, debes saber que existe la «ley de la segunda oportunidad». Te invito a que hables con un abogado sobre el tema y que te asesore, pues realmente funciona para muchas personas que cumplen una serie de requisitos y te puedes librar de esas cargas financieras del pasado que te impedían y te impiden vivir, e incluso ser feliz. Créeme, vale más pagar a un abogado (si no tienes casi dinero, a plazos) y que con su ayuda te libres de tus deudas, que vivir con esa carga terrible el resto de tu vida.

Sin embargo, no todas las deudas son malas. Analicemos un poco este punto, porque no todas son iguales, las hay mejores y peores. La diferencia no está solo en el tipo de préstamo, sino en el impacto que tiene en tu vida financiera presente y futura.

Pueden ser buenas deudas si cumplen lo siguiente:

- Invierten en tu futuro (formación, negocio, vivienda habitual...).
- Tienen un coste asumible y previsible.
- No comprometen tu estabilidad financiera.
- Tienen un propósito claro y planificado.

Pueden ser malas deudas:

- Si financian un consumo inmediato sin aportar valor a largo plazo.
- Si tienen intereses elevados.
- Si se acumulan sin un plan claro.
- Si generan dependencia del crédito y estrés en tu vida.

He aquí una serie de preguntas que te pueden servir como guía antes de endeudarte:

¿Realmente necesito este crédito ahora?

¿Puedo asumir la cuota cómodamente incluso aunque bajen mis ingresos?

¿Qué estoy sacrificando a cambio de esta deuda?

¿Me acerca o me aleja de mis objetivos financieros?

¿He comparado alternativas y condiciones en otras financieras?

Test práctico final

Responde con sinceridad. Cuantas más respuestas afirmativas des, más sentido puede tener endeudarte.

1. Tengo ingresos estables y previsibles.
2. La cuota no supera un porcentaje razonable de mis ingresos.

3. La deuda tiene un propósito claro y meditado.
4. Conozco el coste total del préstamo y sus condiciones de pago e intereses.
5. Tengo un colchón de ahorro para imprevistos.

Y, por último, aquí tienes algunas ideas para evitar el sobreendeudamiento:

- Diseña un presupuesto realista y revísalo cada mes.
- Antes de asumir un crédito, simula el impacto en tu presupuesto.
- Evita las cuotas a largo plazo por bienes de consumo rápido.
- Si usas tarjeta de crédito, paga el 100 % cada mes.
- Prioriza eliminar primero las deudas con mayor interés.
- No tomes decisiones financieras bajo presión o el influjo de las emociones.
- Si sientes que pierdes el control, consulta a un asesor financiero.

> **Caso real de deuda sostenible:** Paqui gana 2.500 € netos al mes. Paga 700 € de hipoteca. Le quedan 1.800 €, lo que supone más del 70 % de sus ingresos para ahorrar y vivir. Tiene margen, su deuda es manejable.

Caso real de deuda excesiva: Carlos gana 1.800 € netos al mes. Paga 350 € de tarjeta de crédito mensual, 450 € al mes por el préstamo de su coche y 200 € en microcréditos. Sus pagos representan un total de 1.000 € al mes, lo que supone más del 55 % de sus ingresos mensuales en deudas, sin contar con que tendrá que pagar con los 1.000 € restantes su parte del alquiler, la gasolina y la comida. Cada mes está al límite y no puede ahorrar. Incluso, ante un imprevisto, corre el riesgo de impago y tiene que decir que no a tomar algo con sus amigos casi siempre. Esta es una deuda excesiva.

CONCLUSIÓN

El crédito puede ayudarte a crecer o a hundirte. Disculpa que sea tan directa, pero es así. Todo depende de cómo, cuándo y por qué lo utilizas. La clave está en la información, la planificación y el autocontrol. No te endeudes para impresionar ni para tapar carencias temporales. Tampoco confíes en que la situación que tienes en el presente será idéntica en el futuro. Usa el crédito como una herramienta, no como un escape. Tu tranquilidad financiera y la de tu familia valen más de lo que te puedes llegar a imaginar.

12

EL AHORRO Y EL ARTE DE CRIAR PREVISORES

A este capítulo lo llamaría «Motivación para todos los caminos». Me explico. Ahorrar no es una carrera entre ricos. Tampoco es una obligación reservada solo para quienes tienen mucho dinero, aunque evidentemente sea mucho más sencillo para ellos. Ahorrar es un acto de amor propio, de responsabilidad y de esperanza. No importa si hoy puedes guardar 500 €, 50 € o apenas unas monedas. Lo importante es entender que cada pequeño paso cuenta. Este capítulo está escrito para ti: para que no te juzgues ni te compares y para que empieces a mirar tus finanzas con compasión, realismo, y confianza en que puedes mejorar sea cual sea el punto en el que te encuentres.

El ahorro como decisión independiente de la cantidad

Mucha gente cree que ahorrar es solo posible cuando «sobra». Recordarás que he tratado esto al inicio del libro: el ahorro empieza con una decisión, no con un número. A veces ahorrar consiste en apartar 2 €; eso sí, habría que hacerlo todas las semanas. O en no gastar en algo innecesario y dejarlo en una cuenta. La clave no está en cuánto puedes ahorrar, sino en construir el hábito de hacerlo sea cual sea tu nivel de ingresos, porque ese hábito, repetido, puede cambiar tu vida.

Encontré en la web «proverbia.net» una frase que me encanta, que al parecer dijo Benjamin Franklin: «Cuida los pequeños gastos; un pequeño agujero puede hundir un barco».

Si hoy no puedes, prepárate para cuando sí puedas

Hay momentos de la vida en los que ahorrar es muy difícil o incluso imposible. No te castigues por ello. Nos ha pasado a todos, o por lo menos a la gran mayoría. Lo importante es que desarrolles una mentalidad previsora, incluso aunque ahora solo puedas observar y aprender. Aprender a llevar un presupuesto, leer sobre finanzas, escuchar pódcasts, organizar tus gastos... Todo eso ya forma parte del camino, como te decía. Y ¿para qué? Para que, cuando tu situación mejore, sepas qué hacer, cómo hacerlo y, sobre todo, por qué hacerlo. Planifica, aunque no tengas recursos.

El ahorro es personal

No te compares con los demás. Lo importante es que tu progreso sea coherente contigo. Ahorra a tu ritmo, con tus valores y con tus prioridades. Y, como este es un capítulo motivacional, te dejo aquí otro de mis lemas favoritos y que veo que muchas personas no tienen en cuenta, lo que afecta a su felicidad y a la de las personas de su entorno. Como dijo Theodore Roosevelt: «La comparación es el ladrón de la alegría».

Lo poco, con constancia, se convierte en mucho

Si hoy puedes ahorrar un euro al día, en un año tendrás 365 €. Lo sé, no te estoy diciendo nada nuevo ni inventando la rueda, pero es que a veces no caemos en algo así. No parece mucho, pero es un paso gigante si vienes de no ahorrar absolutamente nada. Verás cómo te incentiva ver que esa cifra sube todos los días.

El ahorro es como el ejercicio: lo importante no es la intensidad, sino la constancia. La disciplina le gana al talento, y el hábito le gana al impulso. Aquí te dejo otro lema que a mí personalmente me hubiera ido genial tenerlo en mente a mis veinte años, y es del que para mí es el mejor inversor de todos los tiempos, Warren Buffett: «No ahorres lo que queda después de gastar. Gasta lo que queda después de ahorrar».

Ahorrar también es resistir, elegir y empoderarte

Cada vez que decides no gastar en algo innecesario, estás fortaleciendo tu libertad. Ahorrar no es privarte, es elegir. Elegir tener un mañana más tranquilo. Elegir darte una oportunidad mejor. Elegir construir una vida con menos ansiedad financiera. Y aunque ese esfuerzo no se vea ni nadie lo aplauda, tú lo sabes. Tú lo sientes. Y eso es más que suficiente. Te dejo una frase de una de las grandes, Coco Chanel: «El acto más valiente es pensar por ti mismo. En voz alta».

Algunos consejos realistas para ahorrar con poco

- Lleva un control semanal, no mensual: es más fácil ver dónde se va el dinero si te sientas una vez a la semana a ver tus cuentas.
- Apunta cada gasto por pequeño que sea. Lo que se mide, se mejora.
- Usa sobres físicos o aplicaciones financieras: el dinero que se separa, no se gasta.
- Celebra los avances por pequeños que te parezcan.
- No te castigues si fallas un mes. Empieza de nuevo. Siempre se puede volver a empezar.
- Habla con tu familia sobre el ahorro. Incluirlos en el proceso lo hace más poderoso y real. También es más motivador.

El ahorro es para todos, no para unos pocos

Tu situación económica no define tu valía. Ahorrar no te hace mejor ni más válido, pero sí te prepara para el futuro. Te da opciones, margen y libertad. Todo eso es un regalo que mereces darte. Si hoy estás en una etapa difícil, no te sientas mal. No eres un caso aislado. Millones de personas hemos pasado por ahí. Lo importante no es lo que tienes hoy, sino la historia que estás escribiendo para el futuro. Para este punto, me quedo con esta otra frase, de nuevo de Theodore Roosevelt, que dijo: «Haz lo que puedas, con lo que tengas y donde estés».

El dinero también es emocional

Muchos de nuestros hábitos de gasto y ahorro están ligados a las emociones: miedo, inseguridad, orgullo, deseo de pertenencia, necesidad de validación, alegría o tristeza. Por eso, no basta con saber que debemos ahorrar; también hay que aprender a observar nuestras emociones al usar el dinero. Así que no te culpes si has gastado por impulso o si ahorrar te resulta difícil. Empieza por comprender tus patrones de conducta y crear una relación más sana y compasiva con el dinero.

El ahorro también es un acto de amor por los tuyos

Cuando ahorras, no solo lo haces por ti. También lo haces por quienes amas. Por tus hijos (en caso de que los tengas), tu pareja, tus padres o incluso por tu «yo» del futuro.

Porque créeme cuando te digo que un fondo de emergencia es una forma de cuidarte a ti y a tu familia.

Intenta cambiar tu lenguaje financiero

No digas «no se me da bien el dinero» o «nunca voy a poder ahorrar». Cambia esas frases por afirmaciones como: «Estoy aprendiendo a mejorar mis finanzas», «Puedo empezar con poco y crecer», «Cada decisión consciente me acerca a una vida mejor».

Louise Hay decía: «Cambia tus pensamientos y cambiarás tu mundo».

Así que ten en cuenta que el primer paso para cambiar tu economía es cambiar tu diálogo interior.

El ahorro es libertad

Imagina un día en que no tengas que aceptar cualquier trabajo, o puedas decir que no a uno que no te guste, porque no tienes miedo de no poder pagar el alquiler o la hipoteca del mes siguiente. Imagina que puedas decir «no» sin sentir culpa. Que puedas elegir qué hacer con tu tiempo, tu energía, tu vida. Ahorrar es comprar libertad. Libertad para decidir, para moverte, para elegir con más calma y llevar el rumbo de tu vida como tú desees. Incluso aunque ahora estés lejos de esa meta, cada paso cuenta en esa dirección, así que no te olvides de esto y piensa en ahorrar por el bien de tu libertad y de tu bienestar profesional. Y por fin mirarás de frente y sin miedo al elefante de tu habitación financiera.

Todo gran cambio comienza con algo pequeño

No necesitas esperar a ganar más para empezar. Necesitas empezar para que algún día tengas más. Como habrás percibido, también he leído libros motivacionales y como algunos son de gran ayuda según el momento en el que te encuentres, he decidido añadir un capítulo así en este libro. Recuerda que la magia del ahorro está en su constancia. Hazlo tu nuevo hábito, tómatelo como tu forma de quererte, tu forma de planear una vida más tranquila y sólida. Termino el capítulo con una frase del gran filósofo Lao Tse que recuerdo en ciertos momentos y me da fuerzas: «Un viaje de mil millas comienza con un solo paso».

CONCLUSIÓN

Ahorrar no es un privilegio. Es un acto de esperanza. Es decir: «Merezco algo mejor y voy a construirlo poco a poco». Da igual que empieces con un euro o con cien, lo importante es empezar, porque cada moneda que guardes es una declaración de que crees en ti y en tu futuro.

13

TU GUÍA FINANCIERA, INCLUSO EN MODO «SIN FONDOS»

La gestión financiera efectiva es la base sobre la que se construye una vida económica saludable y sostenible. Ya se trate de una familia trabajadora o de una profesional autónoma, un pequeño empresario o alguien con un gran patrimonio, los principios son los mismos. La diferencia entre una persona que vive con estrés financiero y otra que construye riqueza estable no siempre es el nivel de ingresos, sino la forma en que administra lo que tiene.

Mi intención en este capítulo es darte herramientas prácticas y ejemplos de casos reales para que puedas tomar el control de tu dinero, sea cual sea tu situación actual. Aprenderás cómo establecer metas claras, crear un presupuesto que funcione, ahorrar de forma estratégica y realizar un seguimiento continuo que te permita evolucionar y ajustar tus decisiones según cambien tus circunstancias. En el capítulo siguiente te facilitaré más herramientas que te pueden ser de gran utilidad, pero empecemos por las metas financieras que tienes a día de hoy.

Establecimiento de metas financieras claras

Una meta financiera clara es una declaración de intenciones. Es decirle a tu dinero qué camino tomar. Las personas que no tienen metas suelen limitarse a reaccionar ante lo que ocurre con sus finanzas, mientras que quienes las tienen las dirigen con intención. Esta, aunque no lo parezca, es una gran diferencia. Para establecer buenas metas, usa el método llamado SMART («inteligente» en inglés):

- (S) Específica: define exactamente qué quieres lograr.
- (M) Medible: cuantifica el resultado esperado.
- (A) Alcanzable: ajustada a tu capacidad económica actual, siendo realista.
- (R) Relevante: que tenga valor real para tu vida y tus propósitos.
- (T) Temporal: con fecha de cumplimiento y otra de revisión.

Ejemplos:

- Ahorrar 30.000 € para la entrada de un piso en treinta y seis meses.
- Cancelar el 100 % de la deuda de la tarjeta de crédito en los próximos doce meses.
- Acumular seis meses de gastos básicos en un fondo de emergencia en dieciocho meses.
- Aumentar mis ahorros en un 10 % en el próximo año.

Tener metas también permite dividir los objetivos grandes en hitos pequeños. Por ejemplo, ahorrar 1.000 € puede parecer mucho, pero ahorrar 85 € al mes durante un año lo hace un poco más alcanzable y te permitirá llegar a los 1.020 €. Además, el seguimiento de metas motiva y genera una sensación de logro que refuerza hábitos positivos que se mantienen en el tiempo.

La importancia de un presupuesto y el seguimiento de los gastos

Siempre digo que un presupuesto no es una jaula, sino una brújula. Presupuestar no significa limitar, sino dirigir. Saber cuánto dinero entra, cuánto sale y en qué se va es una habilidad fundamental para cualquier persona que quiera alcanzar estabilidad y libertad financiera. Te cuento lo que debe incluir un presupuesto para que te resulte más fácil:

- Ingresos netos: sueldo, ingresos adicionales, rentas, etc.
- Gastos fijos: alquiler, hipoteca, servicios, préstamos, etc.
- Gastos variables: comida mensual, transporte, ocio y salud.
- Ahorro e inversión: una categoría obligatoria, no residual.
- Gastos extraordinarios: regalos, vacaciones y reparaciones.

Caso real: Eduardo gana 2.300 € netos al mes. Sin presupuesto, a fin de mes le quedaban 150 €. Después de anotar sus gastos, se dio cuenta de que gastaba más de 300 € mensuales en envíos a domicilio, caprichos y suscripciones que no usaba hacía tiempo. Tras ajustar todo ello, destinó 200 € mensuales a una cuenta de ahorro y 100 € a un plan de inversión, con lo que duplicó su capacidad financiera sin cambiar de trabajo.

A veces te puedes sorprender con la cantidad de gastos mensuales que tienes y que son del todo innecesarios o que incluso ni recordabas. Por ejemplo, analiza con un bolígrafo y un papel (o anotando en el bloc de notas del móvil) los movimientos de tus tarjetas de los últimos meses y comprueba las suscripciones a las que en su día te diste de alta y pagas mensualmente como aplicaciones de móvil que ya no utilizas, juegos a los que ya no juegas o plataformas de cine que ya no ves desde hace tiempo. En ese momento por fin empiezas a ser quien controla tus finanzas, porque ves tu realidad no solo a nivel gastos, sino también en cuanto a tu forma de vida y tu toma de decisiones financieras.

Estaría bien que revisaras tu presupuesto cada quince días, aunque solo sea durante diez minutos. El seguimiento es más importante que la perfección y te ayuda a tener control y coherencia, que son de vital importancia para tu dinero.

Estrategias de ahorro que funcionan de verdad

Ahorrar no es guardar lo que te sobra, como siempre nos han dicho. Este mensaje nunca me ha gustado porque cuando uno ve que no le sobra nada o no llega a fin de mes, se rinde y considera el ahorro como algo imposible. Sin embargo, como te decía, ahorrar no es guardar lo que te sobra, sino determinar lo que es importante antes de gastar.

He aquí cinco estrategias prácticas aplicables:

1. **El método del 50/30/20.** Ideal para quienes están empezando:
   - 50 % para necesidades (alquiler, comida, servicios).
   - 30 % para deseos (ocio, *hobbies*, caprichos).
   - 20 % para ahorro e inversión.

Lo puedes adaptar a 60/20/20 o 70/20/10 según tu contexto. Piensa bien sobre ello y, si es posible, antes de avanzar con la lectura del libro, anota qué método vas a utilizar.

2. **Fondo de emergencia.** Debe cubrir entre tres y seis meses de gastos fijos (cuantos más meses mejor). Es tu red de seguridad frente a enfermedades, desempleo o crisis de cualquier tipo.

3. **Ahorro automático.** Establece una transferencia automática mensual justo después de recibir tu sueldo. Así eliminas el factor emocional de la ecuación, y créeme que lo notarás con el tiempo. Puedes, por ejemplo, hacer que cada mes salgan de tu cuenta 200 € o transferirlos de la cuenta corriente a una cuenta de ahorro.

4. **Ahorro progresivo.** Aumenta tu ahorro cada vez que aumenten tus ingresos. Si te suben el sueldo un 10 %, destina al menos un 5 % a incrementar tu

ahorro. Si no, ya sabes que a veces cuanto más dinero ganas, más gastas. Así que, si tienes una subida, no dudes en aumentar tus ahorros mensualmente con un importe determinado.

5. **Ahorro por objetivo visual.** Crea una especie de termómetro visual para cada meta. Ver el progreso motiva. Por ejemplo, puedes usar un frasco para ir introduciendo canicas o piedras según vayas ahorrando (por cada 5 €, por ejemplo, pones una piedra en el frasco). Este método, que parece muy básico, es muy motivador cuando vemos cómo va subiendo el volumen de canicas o piedras y sabemos que ello significa que también va aumentando el dinero ahorrado. Te dan ganas de ir añadiendo más y eso te anima a evitar ciertas compras innecesarias y a poner ese dinero en una cuenta de ahorro o comprar unas acciones. También puedes ir visualizando el aumento de tus ahorros a través de una aplicación de móvil que te muestre gráficamente la barra de tu dinero invertido o ahorrado. Muchos bancos y entidades tienen gráficos en los que te muestran el nivel de dinero que tienes y ayudan mucho a la hora de incentivarnos de un modo muy visual. Si esto además lo tomas como norma, cambiará tu modo de consumir y de pensar en términos financieros.

Existen todo tipo de personas, pero, en la época en la que trabajé en finanzas personales, a la gente que más dinero tenía no los vi comprar compulsivamente o gastarse todo en marcas carísimas tal y como nos lo pintan en las redes sociales o en la televisións. Es cierto que, por ejemplo, se pueden comprar una gran casa familiar, pero yo no he visto en mis clientes más adinerados la mentalidad de despilfarrar adquiriendo productos de marca desmesurados, y a algunos los conozco desde hace más de diez años. También es cierto que he acompañado en sus finanzas a personas del mundo empresarial, del emprendimiento, del arte, del deporte y de distintos sectores profesionales que son muy trabajadoras e imagino que los que nos venden en redes son personas que se han hecho millonarias de repente, o que no son lo que aparentan, o que trabajan con las marcas para mostrar los productos al mundo y vender más. Siento serte tan franca, pero hace tiempo que quería poder escribir claramente que los clientes multimillonarios de banca privada internacional o *multifamily office* tanto de Latinoamérica como de Estados Unidos o Europa, que son los que conozco, NO arrojan el dinero por la borda en cosas banales, sino que lo invierten en sus empresas, o en sus carteras de inversión muy bien diversificadas, o en proyectos, o en inversiones distintas que les motivan, un poco de todo. No se dedican a hacer compras compulsivas, porque lo que más valoran los que ya cuentan con mucho dinero es no perder nada de lo que ya tienen, es decir, mantener su patrimonio. Esa es la realidad.

Educación financiera

Como te decía en los capítulos anteriores, cuanto más sabes, mejores decisiones tomas. La educación financiera no es un lujo, es una necesidad. Si puedes, dedica un poco de tiempo al mes a leer libros, escuchar pódcasts, seguir canales educativos o asistir a charlas sobre finanzas. Y si no es un tema que te guste demasiado, con que lo hagas muy de vez en cuando ya estará bien.

CONCLUSIÓN

Gestionar bien tu dinero no significa volverte millonario de la noche a la mañana. Ojalá nos pasara eso a todas las personas del mundo, pero por desgracia no es así, al menos para el 99,9 % de la población mundial, y que no te vendan lo contrario. Significa tomar decisiones conscientes, controlar tus hábitos, protegerte frente a imprevistos y construir, poco a poco, el estilo de vida que deseas.

14

CABEZA FRÍA, CARTERA FELIZ. LAS EMOCIONES Y EL DINERO

En este capítulo voy a hablarte de cómo la relación con el dinero va mucho más allá de las matemáticas o los números, y está profundamente influenciada por nuestras emociones, creencias, vivencias de la infancia y patrones culturales (estos dos últimos aspectos son fundamentales). Vamos a explorar la relación entre el bienestar mental y el dinero.

La psicología del dinero es el estudio de cómo pensamos, sentimos y actuamos respecto a las finanzas. Incluso las personas más formadas pueden tomar malas decisiones financieras cuando las emociones entran en juego.

¿Cómo influyen nuestras emociones en las decisiones financieras?

El dinero es una fuente de seguridad, poder y libertad, pero también de ansiedad, culpa o incluso vergüenza. A menudo, tomamos decisiones financieras no porque sean racionales, sino porque nos sentimos presionados, frustrados, eufóricos o temerosos.

Te presento a continuación algunos ejemplos comunes:

- Comprar algo caro para sentir alivio o sensación de pertenencia.
- Evitar revisar una deuda por miedo al estrés, y que se te haga una bola tremenda.
- Vender una inversión en un muy mal momento por pánico tras ver una caída del mercado, y acabar perdiendo dinero.
- Negarse a invertir por miedo al fracaso, aunque se tenga capacidad de hacerlo.

La inteligencia emocional es una herramienta fundamental en la gestión del dinero. Aprender a reconocer y gestionar tus emociones puede evitar errores que te salgan muy caros, y abrir puertas a decisiones más en consonancia con tus objetivos.

Sesgos cognitivos que afectan a tus finanzas

Los sesgos cognitivos son atajos mentales que usamos para simplificar la toma de decisiones, pero que a menudo nos llevan a errores. Y hay varios tipos:

- **Sesgo de confirmación:** Buscamos solo información que respalde lo que ya creemos.

  Ejemplo: Si creemos que la bolsa es peligrosa, solo leeremos artículos sobre caídas, ignorando estudios de crecimiento a largo plazo.
- **Sesgo de anclaje:** Tomamos decisiones basadas en una cifra inicial aunque no tenga relación con la realidad.

  Ejemplo: Un coche está en oferta por 20.000 €, pero su precio «original» era de 30.000 €. Aunque su valor real sea de 18.000 €, lo percibimos como una ganga.
- **Aversión a la pérdida:** Preferimos evitar una pérdida que obtener una ganancia equivalente.

  Ejemplo: Invertir 1.000 € y perder 100 € duele más que la alegría de ganar 100 €. Esto hace que muchas personas eviten invertir por miedo, aunque el potencial de ganancia sea mayor.
- **Efecto halo:** Dejamos que una característica positiva influya en nuestra percepción general.

  Ejemplo: Una empresa con un CEO carismático

nos parece buena para invertir aunque sus cifras no lo demuestren.

Cómo entrenar la mentalidad de la riqueza

Y no, no se trata de pensar en que serás rico y que ocurra sin más. Con la mentalidad de riqueza me refiero a adoptar una forma de pensar que promueva la estabilidad, la estrategia y la abundancia responsable.

> **Caso real:** Marta empieza a ahorrar 200 € al mes con disciplina, lo que implica 2.400 € al año. No busca resultados inmediatos, pero al cabo de cinco años serán 12.000 € ahorrados (si los hubiera ido poniendo en una cuenta de ahorro remunerada podría incluso haber llegado a los 14.000 €). Lo que empezó como un hábito se convirtió en un activo que le ha dado libertad para emprender, que era lo que ella deseaba.

Hablemos del dinero y el bienestar

Porque hablar de dinero es también hablar de emociones, creencias y comportamientos. La salud financiera y la salud mental están profundamente entrelazadas. Lo que es evidente es que el estrés por dinero puede convertirse en ansiedad crónica, la culpa por gastar puede sabotear nuestra autoestima, y el miedo a invertir puede impedirnos crecer.

¿Cómo afectan las decisiones financieras a la salud emocional?

Cada elección financiera tiene una carga emocional. Desde decidir si pedimos un café en una cafetería hasta firmar una hipoteca, todas las decisiones involucran emociones: miedo, culpa, entusiasmo, duda o alivio.

Efectos comunes en la salud mental:

- Estrés crónico por deudas.
- Insomnio relacionado con gastos imprevistos o pérdidas económicas.
- Baja autoestima asociada a ingresos bajos o inestabilidad.
- Ansiedad social por compararse con los estilos de vida de otros.
- Dificultad para disfrutar del dinero ganado por miedo a perderlo.

> **Caso real:** Julián tiene treinta y ocho años y una buena carrera como abogado, pero vive constantemente preocupado por el futuro. Aunque ahorra el 30 % de su

sueldo, no logra relajarse. Tiene miedo de no tener «suficiente» y evita hacer viajes o gastos personales. Su ansiedad no viene de una situación real de escasez, sino de creencias arraigadas en la infancia sobre la inseguridad.

Ansiedad por el dinero, miedo a invertir y culpa por gastar

Estas emociones no son exclusivas de quienes tienen bajos ingresos. Muchas personas con grandes patrimonios también sienten miedo de perderlo todo o se paralizan al tener que tomar decisiones financieras.

- **Ansiedad por el dinero:** Surge como un sentimiento de preocupación constante, incluso aunque no haya un problema real. Es común en personas que crecieron en entornos de carencia o inestabilidad financiera. También puede derivar en comportamientos obsesivos (revisar cuentas constantemente, evitar mirar saldos por temor, miedo a abrir cartas del banco, etc.).
- **Miedo a invertir:** Muchas personas evitan invertir por miedo a perder. Este miedo suele estar ligado al desconocimiento, a experiencias pasadas o a historias familiares traumáticas. Se traduce en paráli-

sis, exceso de liquidez sin rentabilidad o confiar ciegamente en otros sin supervisión.

- **Culpabilidad por gastar:** Gastar en uno mismo puede generar culpa, especialmente en mujeres, madres o personas que han sido criadas en entornos donde el dinero era limitado o que viven por o para los demás. Esta culpa sabotea la capacidad de disfrutar del fruto del trabajo y puede alimentar ciclos de autoexigencia o privación.

¿Cómo encontrar equilibrio entre control, seguridad y disfrute?

El equilibrio emocional y financiero es posible, pero requiere autoconocimiento, estructura y flexibilidad.

1. Controlar las finanzas no es solo controlar cada euro, sino tener una estructura clara que permita tomar decisiones con libertad. Contar con presupuestos flexibles, categorías de gasto y objetivos realistas ayuda a reducir la ansiedad.
2. Tener fondos de emergencia y una estrategia de inversión te da paz, pero la seguridad no debe convertirse en una cárcel emocional. Hay que dejar espacio al disfrute sin culpa.
3. Disfrute responsable. El dinero, como te decía,

también está para disfrutarlo. Se puede gastar en experiencias, regalos, caprichos... si está dentro de un plan. El disfrute intencionado es tan valioso como el ahorro.

Caso real: Andrés y Sofía diseñaron un presupuesto en el que el 10 % de sus ingresos estaba destinado al ocio, lo que les permitía cenar fuera una vez a la semana, viajar todos los veranos o comprar sin culpa. Saber que ese dinero estaba asignado les daba paz y alegría, e incluso mejoraron su relación de pareja y, con ello, su día a día.

La psicología financiera propone herramientas prácticas para mejorar la relación entre mente y dinero. He aquí unas cuantas que puedes aplicar desde hoy (verás que repito algunas):

- **Diario financiero emocional:** Durante una semana, anota cada gasto y escribe cómo te sentiste antes, durante y después. Descubrirás patrones de conducta, ansiedades y áreas de mejora.
- **Reescritura de creencias:** Haz una lista de tus creencias sobre el dinero («El dinero es sucio», «Nunca me llega», «No se me dan bien las finanzas») y transfórmalas en afirmaciones positivas y realistas, como te dije anteriormente.
- **Visualización guiada:** Imagina cómo sería tu vida

con libertad financiera. ¿Qué harías, cómo te sentirías, qué decisiones tomarías? Visualizarlo con detalle ayuda a reducir el miedo y aumentar la motivación.

- **Psicoterapia:** Trabajar con un profesional te permite desbloquear traumas del pasado, entender patrones de comportamiento y crear nuevas estrategias más saludables. No tiene nada de malo ir al psicólogo; es más, siempre lo he considerado una demostración de quererse y cuidarse a uno mismo.
- **Ejercicio de autoempatía:** Pregúntate cómo tratarías a un amigo si cometiera un error financiero. ¿Por qué tú te hablas con tanta dureza? Cambiar tu diálogo interno es un acto de autocuidado financiero.
- **Escaneo emocional financiero:** Haz una pausa y responde:
  - ¿Qué emoción predomina cuando piensas en tus finanzas?
  - ¿Qué situaciones económicas del pasado siguen afectándote hoy?
  - ¿Qué hábitos financieros te están robando paz mental?
- **Lista de gratitud económica:** Anota cada día tres cosas por las que sientes gratitud en el ámbito financiero: tener casa, tener alimentos sobre la me-

sa, pagar tus recibos, ahorrar, invertir, etc. Cambiar el foco de la carencia a la abundancia mejora tu bienestar mental. Yo lo hago hace años, no lo anoto, pero sí me lo digo para mis adentros antes de dormir.

- **Ritual de gasto consciente:** La próxima vez que vayas a gastar en algo «no esencial», hazlo con conciencia: respira, siente gratitud y celebra. El problema no es gastar, sino hacerlo sin intención.

CONCLUSIÓN

Tu salud financiera no está separada de tu bienestar emocional. Cuidar de la primera implica cuidar del segundo. Cultivar una relación sana con el dinero no solo trata de presupuestos o inversiones, sino también de sanar heridas, soltar culpas y afrontar miedos. Porque, al fin y al cabo, el dinero no da la felicidad..., pero ayuda bastante y, sobre todo, contribuye a tener paz mental.

15

DESASTRES FINANCIEROS, VERSIÓN SIN CENSURA

Como de los errores propios se aprende, pero de los ajenos también, quiero contarte algunos de los errores que he visto en mis años de trabajo tanto en banca comercial como privada y en gestión patrimonial independiente. He detectado cosas que creo que estaría bien que alguien nos recuerde de vez en cuando. Así que aquí tienes una lista de los **errores más comunes** que he visto cometer a inversores y familias, y los escribiré dirigiéndome a ti por si te ayuda a detectar alguno de ellos:

- No saber gestionar tu deuda.
- No hacer análisis de riesgo.
- Actuar con impulsividad al tomar decisiones.

- Hacer compras y gastos compulsivos.
- Vivir por encima de tus posibilidades.
- No leer la letra pequeña.
- No preguntar lo suficiente a tu banquero o asesor.
- No pensar en tu futuro.
- No analizar previamente tu vida a corto, medio y largo plazo.
- No tener objetivos de vida definidos.
- No revisar cada dos años tus finanzas a fondo, detectando si tus intereses o modo de vida y situación, tanto familiar como profesional, han cambiado, y, en ese caso, ver cómo cambiar tu plan de acción financiero o actualizarlo si es necesario (suele serlo).
- No tener en cuenta la economía global, ni la política o los conflictos bélicos globales, que afectarán directamente a tus ahorros y tu bolsillo.
- No pensar en cuando seas mayor. Plan de jubilación.
- No tener un plan B por si pierdes tu trabajo o vienen vacas flacas.
- No ahorrar por querer vivir intensamente el momento, con la consecuencia de vivir mal en el futuro.
- No pensar antes de gastar, ni tener en cuenta, aunque sea ligeramente, el minimalismo financiero (de eso te hablaré en otro capítulo).
- No elegir bien a tus banqueros y asesores de con-

fianza, e incluso a veces hacer mucho caso a familiares o amistades que no saben de finanzas.

- No educar a tus hijos en las finanzas.
- No hablar de dinero con nadie.
- No estar al día de las inversiones actuales.
- No tener en cuenta hacia dónde va el futuro (tecnología, inteligencia artificial, biotecnología, etc.).
- No buscar otras entidades financieras y quedarte en una sola, e incluso en la que no te tratan bien. Debes darte valor como cliente que eres y buscar una entidad ideal para ti y tus necesidades. No te conformes solo con un buen banquero; localiza la mejor institución con los servicios y los productos financieros que tú necesitas.
- No tener en cuenta las comisiones ni analizar cuánto estás pagando por cada servicio o producto.
- No tener en cuenta la penalización por cancelación cuando quieres salirte de una inversión o de un préstamo y liquidarlo por adelantado. Mira esa condición antes de contratar un fondo, un seguro o un préstamo (afecta a tu bolsillo más de lo que crees).
- Dejarte llevar por el pánico colectivo y copiar lo que hacen los demás. Guíate por tus conocimientos, asesórate con expertos y cálmate antes de tomar ninguna decisión financiera.
- Ver el dinero como un tema tabú y no hablar del tema con nadie.

- Considerar el dinero como tu enemigo, en lugar de como tu aliado para poder vivir mejor.
- Ver a tu banquero como alguien que te perjudica. Confía en esa persona, a la vez que le haces tus propias preguntas.
- Abandonar tus finanzas a su suerte. Entra en tu cuenta o cuentas bancarias una vez a la semana o incluso quincenalmente. No dejes de mirar lo que ocurre en ellas. Así detectarás posibles errores y gastos de más que no son necesarios.
- Quedarte inmóvil o no actuar ante los problemas financieros. El hecho de no tomar decisiones o postergarlas en estos asuntos es la peor decisión que puedes tomar, e incluso te puede llevar a la ruina.
- No tener un plan a corto, medio y largo plazo de lo que quieres conseguir, el importe necesario y cuándo. Has de desarrollar tu plan de acción financiero. Quienes no lo hacen llevan un descontrol importante y no suelen lograr sus objetivos. Acaban por abandonarlos, y es una pena.
- No pensar en lo que acarrea la tarjeta de crédito que acabas de pedir, el gasto de la compra a plazos de ese televisor gigante, y otras cosas que acabas pagando a treinta y seis meses en vez de a doce y que te hacen perder tal cantidad de dinero que, si te pusieras a sumar, te echarías las manos a la cabeza. Piensa bien en todo y haz las cuentas aunque no te

apetezca. A mí en el pasado y a millones de personas de todo el mundo nos ha acarreado problemas no haberlo hecho. Si tú todavía estás a tiempo, evítalo. Y, si ya no puedes, sería estupendo que empezaras a hacerlo a partir de ahora.

- No tener suficiente con lo que uno tiene. La historia que te he contado al principio, la de Jose, te lo deja claro. Querer más y dejarse llevar por opiniones ajenas lo arruinaron a él y a toda su familia. Hay que ponerse unos límites y pensarse bien las cosas antes de gastar. A lo largo del libro te voy ofreciendo herramientas que te ayudarán a pensar en si necesitas algo realmente o no; tenlas en cuenta y seguro que lo agradecerás en el futuro.
- Invertir en cosas en las que invierten tus amigos, familiares o compañeros de trabajo. Recuerda que no todo el mundo es igual ni tiene las mismas cargas económicas y familiares, tampoco las mismas herramientas, conocimientos, empleos y posibilidades, ni podemos asumir los mismos niveles de riesgo, así que no inviertas en algo que no vaya contigo solo porque lo haga otra persona. Tener esto claro te será de gran ayuda.
- No tener en cuenta tu perfil de riesgo. Tenlo en cuenta a la hora de invertir y luego mira bien lo que te ofrecen y coméntales el tipo de inversionista que eres: si tienes un perfil conservador, moderado o

arriesgado. Es vital para no perder dinero ni sufrir invirtiendo. Menciónalo y acláralo siempre antes de que te ofrezcan algo, y luego revisa el documento y comprueba que aparezca recogido el nivel de riesgo y para quién está recomendado el producto. Dormirás más plácidamente, te lo aseguro.

- No hablar en pareja sobre estos temas. En este libro tienes un capítulo completo sobre ello, pero es uno de los errores más garrafales que se cometen, porque no solo puede llevarse por delante la economía familiar, sino también romper parejas y familias enteras.
- No pensar en tu legado. Si tienes hijos, inclúyelos en los temas financieros familiares, e incluso en reuniones con banqueros y en decisiones que toméis en familia, para que crezcan dándole al dinero la importancia que se debe. Pero, tengas hijos o no, tu legado es importante; aparte de cuánto sea el dinero que haya en tu cuenta cuando fallezcas, importa mucho el efecto que pueda ejercer, tanto si va destinado a un familiar o a una organización sin ánimo de lucro o a donde sea. Tengas la edad que tengas, organízalo todo a nivel legal y financiero para dejar tu legado en buenas manos y según tus intereses y valores. Da mucha pena ver a familias peleándose y rompiendo las relaciones por culpa de que estos temas no se cerraron bien antes de fallecer.

– No darle importancia al dinero, pero tampoco obsesionarse con él. Ni una cosa ni la otra. Es una herramienta que te puede ayudar a vivir mejor, a tener mayor libertad en todos los sentidos y más paz interior y emocional. Todo lo que no sea equilibrio al respecto resultará fatal. Si se convierte en una obsesión, sufrirás y además no disfrutarás de la vida. Y si pasas del tema, sufrirás y además no disfrutarás de la vida (y no es un error de repetición).

Para finalizar este capítulo, quiero contarte dos casos reales que quizá te puedan ser de utilidad en algún momento:

Caso 1: Luisa (nombre ficticio), una mujer de Madrid, me contactó un día pidiéndome asesoramiento financiero. Acababa de llegar la covid a España y con ello el confinamiento. La mujer estaba nerviosa y con razón, tenía todos los ahorros en diferentes fondos de inversión; su asesor de la oficina bancaria, que era la de su barrio de siempre, no le respondía, y no dejaba de ver las horribles noticias que salían en televisión, a la vez que veía que sus cuentas caían en picado. Como recordarás, fueron tiempos muy duros para todos, tanto a nivel de salud, con fallecimientos terribles, como de empresas que cerraron, empleos perdidos, etc. Luisa me pidió que revisara sus fondos de inversión y que le dijera si debía cancelar sus inversiones y pasarlo todo a su cuenta corriente, o si debía salirse de esos fondos para invertir en otros, o qué hacer. Nadie se imagina la de llamadas que recibí durante las primeras semanas de la pandemia, de amigos, de desconocidos, y de clientes que había tenido en el pasado, todos desesperados por saber qué hacer.

Esta fue una de las situaciones que me incentivaron para empezar a escribir este libro: ver que nadie estaba preparado para saber qué hacer con sus finanzas en esa crisis sanitaria y económica mundial; ver que muchas personas habían invertido en fondos, pero no sabían ni en qué tipo de empresas o países invertían, y no contaban con un plan de acción para sus finanzas, y, menos aún, habían elaborado un plan B.

En realidad, lo entiendo: si no eres de finanzas y no te interesa el tema, lo acabas evitando o lo delegas sin revisar. Es lo más normal, es lo que hago cuando necesito profesionales de la medicina, el derecho o la electricidad: lo delego. Sin embargo, es bueno conocer e ir revisando. Y no hacer ver que ese elefante no está en nuestra habitación financiera, es decir, no mirar hacia otro lado.

Volviendo al tema de Luisa, ella era una mujer jubilada que no podía dormir porque había invertido sin entender sus inversiones. Le pedí los números de los fondos (los ISIN que te comentaba al principio), las fechas de contratación, la documentación de la que disponía, etc. Lo analicé todo al detalle. Hicimos una videollamada y le conté, sin mirar el reloj, en qué estaba invirtiendo, el beneficio que había obtenido durante los primeros años, lo que había caído cada una de sus inversiones durante los últimos días y el porqué de todo ello; luego le expliqué cómo leer la ficha de un fondo para que no le volviera a pasar, y cómo podía buscar ella misma la información (todo esto que hice por ella, el servicio de acompañarla en sus finanzas, ya no lo hago, ni me dedico a eso). Lo que quiero que veas es que las consecuencias no fueron que perdiera el dinero (al final lo recuperó todo gracias a que no se salió de los fondos y se quedó quieta), sino el no dormir, la salud, la preocupación... Y todo, por haber tenido el elefante en la habitación financiera y carecer de buenos asesores, y varios de los otros aspectos que he mencionado anteriormente. Eran los ahorros de toda su vida y podría haber perdido hasta un 30 %. Fue afortunada y, en su caso, no le fue tan mal como a muchas otras familias.

Caso 2: Pablo y María (nombres ficticios) estaban esperando un niño, y ambos tenían empleo, desde hacía tres años él, y año y medio ella. Él trabajaba como comercial de una empresa internacional alimentaria y ella como profesora en un instituto. Vivían de alquiler y les llegaba con los dos sueldos para vivir. No les sobraba demasiado, pero se podían permitir apartar 300 € al mes a una cuenta de ahorro; a veces él recibía un bonus de ventas a final de año si lograba los objetivos. Todo ello les había permitido acumular un colchón de 25.000 €. No tenían grandes caprichos, y lo único intocable era ir a cenar dos veces por semana con sus amigos o en pareja.

Todo iba bien hasta que nació el pequeño Tomás y te cuento por qué. No habían contemplado varias cosas: gastos mensuales de pañales, alimentación, ropa, la guardería del pequeño, bajas por enfermedades, pérdida de empleo de él, etc. Pasaron de vivir tranquilos a tener que disponer de todos sus ahorros, y luego a solicitar alguna tarjeta de crédito para hacer frente a los gastos extra, y a pedir dinero a sus padres y suegros para pagar el alquiler.

Sus errores fueron los que ya ves, pero también el de no haber hablado en pareja sobre cómo manejar las finanzas y sobre quién tomaba las decisiones financieras; no haber estudiado si habría sido mejor esperar un poco para ser padres (la verdad es que, si se pusieran a esperar, muchas personas no tendrían hijos ni a los sesenta); quizá no haber pensado en mudarse a un piso más barato antes de que hubiera nacido el niño, o en borrarse del gimnasio para ahorrarse esos 60 € mensuales del primer año; o no haber realizado ese viaje en el tercer mes de embarazo y haber guardado el dinero para aumentar el colchón; no haber elaborado un plan de urgencia por si Pablo perdía el trabajo y tardaba en encontrar otro más de dieciséis meses, como le sucedió...

Lo sé, tú y yo no somos videntes, como tampoco lo eran Pablo y María, pero siempre hay cosas que, si nos sentamos a hablarlas en pareja, estamos prevenidos y planificamos bien, se pueden evitar o al menos pueden crear un impacto menor en nuestro bolsillo.

CONCLUSIÓN

Me he dado cuenta al terminar de escribir este capítulo de que este listado no deja de ser un resumen de muchas de las cosas mencionadas a lo largo del libro. Quizá parezco un poco sufridora, o bueno, a lo mejor lo soy, no digo que no, pero es debido a que me tomo muy en serio este tema. Las finanzas te pueden dar una vida mejor o peor, así que sería estupendo que procuraras (evitando todos los errores que he mencionado en estos puntos, dentro de lo posible) que las finanzas hagan lo primero por ti y no lo segundo.

16

MINIMALISMO FINANCIERO: GASTA CON COCO, NO CON ANTOJO

Estamos viviendo en una época dominada por excesos: de información, de producción y de consumo. Nos enseñaron que tener más era igual a ser más. Más ropa, más tecnología, más propiedades, más actividades y más dinero. Sin embargo, algo empieza a cambiar: cada vez más personas están descubriendo que la verdadera abundancia no se mide por lo que posees, sino por lo que puedes dejar ir sin que afecte a tu bienestar.

El minimalismo financiero no es una moda pasajera, es una forma consciente y estratégica de relacionarse con el dinero. No se trata de privarse, sino de simplificar. No se basa en la escasez, sino en el enfoque. En este capítulo te propongo una transformación, que evidentemente si deseas la haces y si no, no. Te invito a que revises tu estilo de consumo, tus prioridades financieras y tu forma de pensar en el éxito económico. Porque vivir mejor no siempre significa tener más. A veces, solo se trata de tener lo suficiente y saber disfrutarlo. Aunque esto es una decisión muy personal, he decidido escribir sobre ello.

Minimalismo financiero: un enfoque emergente en el mundo de las grandes fortunas

Al contrario de la creencia popular, el minimalismo no es exclusivo de quienes tienen ingresos limitados. En realidad, muchas personas con alto poder adquisitivo lo aplican como filosofía de vida porque han descubierto que el exceso genera ruido, desgaste y distracción.

Ventajas percibidas por millonarios minimalistas con los que he conversado:

- Mayor claridad mental y emocional.
- Mejor uso del tiempo y la energía.
- Reducción de gastos invisibles.

- Mayor conexión con experiencias significativas.
- Mayor control del estilo de vida y del flujo financiero.

Caso real: Un empresario europeo con más de quince millones de euros de patrimonio decidió reducir el número de propiedades. Vendió cinco de sus siete residencias y se quedó con una en la ciudad y otra en el campo. Con el capital liberado, aumentó sus inversiones en empresas sociales, redujo su carga de mantenimiento y ganó más tiempo para él y su familia.

¿Por qué menos puede ser más en tus finanzas?

La acumulación excesiva de bienes materiales puede deteriorar tu economía personal sin que te des cuenta. Cuotas, deudas, mantenimiento, renovación, almacenamiento... Cada objeto tiene un coste que va mucho más allá del precio de compra.

El minimalismo financiero te ayuda a:

- Evitar compras impulsivas y emocionales.
- Eliminar gastos innecesarios o duplicados.
- Redirigir tus recursos hacia objetivos de largo plazo.

– Mejorar tu relación emocional con el dinero.
– Aumentar tu sensación de control, ligereza y satisfacción.

Caso real: Gustavo y Marga son una pareja de profesionales sin hijos que revisaron su estilo de vida tras sentir que «ganaban bien, pero no avanzaban». Redujeron su consumo en moda, salidas y tecnología. En dos años, cancelaron deudas, crearon un fondo de emergencia y comenzaron a invertir el 20 % de sus ingresos sin cambiar de trabajo.

Estrategias para simplificar tu vida financiera

1. **Elimina lo superfluo de manera deliberada:**
   – Revisa tus pertenencias por categoría: ropa, tecnología, decoración y *hobbies*.
   – Hazte preguntas clave: ¿Lo uso? ¿Lo necesito? ¿Me da alegría?
   – Vende, dona o recicla lo que no cumpla estas condiciones.

2. **Automatiza tus finanzas:**
   – Configura transferencias automáticas para tus ahorros, inversiones y pagos recurrentes.
   – Elimina fricciones emocionales al ahorrar o pagar tus compromisos.

– Libera energía mental al reducir decisiones repetitivas.

3. **Establece reglas de consumo personalizadas:**
   – «Solo compro ropa cuando dono algo primero».
   – «Espero treinta días antes de hacer compras importantes».
   – «Todo lo que no uso en seis meses lo evalúo para desprenderme de ello».

4. **Estilo de vida deliberado:**
   – Pregúntate: ¿Qué es esencial en mi vida? ¿Qué me agota?
   – Reduce actividades, compromisos y objetos que no estén en consonancia con tus valores actuales.

5. **Gasta en lo que amas y recorta en lo que no:**
   – Aplica el principio del «gasto consciente». No se trata de gastar menos, sino de gastar mejor.
   – Puedes reducir cenas fuera, pero mantener tu suscripción prémium del gimnasio si aporta a tu bienestar, por ejemplo.

6. **Inventario financiero emocional:** Haz una lista de tus principales gastos mensuales. Junto a cada uno, coloca una emoción: ¿te da paz, ansie-

dad, placer, culpa, motivación, alegría o tristeza? Luego subraya los que realmente aporten valor a tu vida. Los demás deberías ajustarlos o eliminarlos.

7. **El desafío de los 33 artículos:** Durante tres meses intenta vivir con 33 prendas de ropa (incluidos zapatos y accesorios). Este reto lo vi en internet. Te ayudará a descubrir cuántas cosas necesitas realmente para sentirte bien y funcional. Yo esto lo llevo a cabo con unos cuarenta artículos, aunque no me obsesiono con el número exacto, así que utiliza el número que desees sin excederte demasiado. Lo cierto es que he ahorrado tiempo y dinero en ir de compras; ahora solo lo hago cuando es muy necesario. También ahorro tiempo al vestirme porque, como tengo menos prendas, tardo muy poco en elegir las que me pondré ese día y, cuando se desgasta una prenda, la tiro o la dono y me compro otra. La verdad es que a mí me ha ido muy bien este aspecto y lo llevo haciendo los últimos ocho años. A la vez te sientes una persona más libre y ligera, sabiendo que muchas de tus cosas cabrían en una o dos maletas grandes y poco más. Pero esto es tan solo una idea, y repito, es una decisión muy personal.

8. **Días de no consumo:**
   - Establece dos días a la semana donde no gastarás absolutamente nada, más allá de lo indispensable.
   - Observa cómo afecta a tu creatividad, tus hábitos y tu conciencia.

9. **Plan de libertad financiera mínima:**
   - ¿Cuánto necesitas mensualmente para vivir de forma sencilla pero plena?
   - ¿Qué gastos podrías recortar sin comprometer tu bienestar?
   - ¿Qué pasaría si simplificas hoy tu estilo de vida en un 20 %?

10. **Elige tu «lujo minimalista»:**
   - Piensa en un placer simple y sofisticado que te haga feliz (café de calidad, un libro bien editado, una caminata por la playa sin móvil).
   - Permítete disfrutarlo con total presencia y gratitud.

CONCLUSIÓN

El minimalismo financiero es una herramienta para elevar tu saldo bancario. Simplificar no es empobrecer. Es elegir. Es diseñar una vida a partir de lo esencial, de la claridad, del propósito. Cuando eliges el minimalismo financiero, no estás renunciando al éxito. Estás redefiniendo qué significa el éxito para ti. Estás priorizando lo duradero sobre lo urgente, lo profundo sobre lo brillante, y lo que realmente te llena sobre lo que solo ocupa espacio.

17

HIJOS Y NIETOS: EXPERTOS EN GASTAR LO QUE NO GANARON. FINANZAS PARA LA JUBILACIÓN

A este capítulo le tengo especial cariño porque es prepararse hoy para el mañana. La jubilación no es el final de la vida, sino el inicio de una nueva etapa. Y creo que cada vez lo vemos más en personas que se jubilan y entran en una etapa que puede estar llena de libertad, bienestar y realización personal... Eso sí, si se planifica con inteligencia.

El error más común es pensar que la jubilación es un tema que debe abordarse en la vejez. En realidad, cuanto antes empieces a prepararlo, más opciones, seguridad y tranquilidad tendrás en el futuro, y más disfrutarás de tu jubilación en todos los sentidos. Sin olvidarte del presente, por supuesto.

En este capítulo exploraremos los diferentes modelos de jubilación, los pilares financieros sobre los que puedes construirla, y ejemplos de personas que han diseñado su retiro de forma consciente y efectiva.

Planificar la jubilación no significa renunciar al presente, sino asegurarte de que tu yo futuro pueda vivir con dignidad, salud y libertad de elección.

Aquí tienes algunas ideas:

1. **Visualiza tu estilo de vida futuro:** ¿Dónde quieres vivir cuando tengas más de 65 años? ¿Qué actividades te gustaría llevar a cabo? ¿Viajar, estudiar?

2. **Calcula cuánto crees que necesitarás:** Una buena estimación es entre el 70 % y el 90 % de tus ingresos actuales, ajustado por inflación. Piensa en costes de vivienda, salud, ocio, imprevistos y asistencia.

3. **Empieza a invertir pronto:** Gracias al interés compuesto, comenzar a invertir a los veinticinco años requerirá mucho menos esfuerzo que a los cincuenta y cinco. Son clave las aportaciones regulares a planes de pensiones, fondos indexados u otras inversiones; pero no te preocupes, puedes empezar ahora independientemente de la edad que tengas.

4. **Evita la trampa del «ya habrá tiempo»:** Cada año sin plan reduce tus opciones y puede implicar más sacrificios en el futuro.

Caso real: Javier tiene veintiocho años y comenzó a aportar 150 € mensuales a un fondo indexado. A los sesenta y cinco años, sin contar los incrementos, podría tener más de esos 66.600 € aportados y hasta 150.000 € gracias al crecimiento compuesto, después de treinta y siete años ahorrando. Su esfuerzo mensual es pequeño, pero su visión es grande y constante, y le genera intereses sobre el dinero que va aportando y sobre los intereses generados.

Diferencias entre jubilación pública, privada y alternativa

- **Jubilación pública**
  - Es la pensión que paga el Estado. En muchos países está en crisis por el envejecimiento poblacional.
  - Puede ser suficiente para cubrir lo básico, pero no garantiza calidad de vida.
  - Depende del número de años cotizados y de la base reguladora.

Limitaciones

- Está sujeta a reformas políticas.
- Puede reducirse con el tiempo o pueden cambiar las condiciones de acceso.
- No cubre estilos de vida aspiracionales ni cuidados especiales.

- **Jubilación privada**
  - Planes de pensiones, fondos individuales, seguros de ahorro o inversión.
  - Puedes adaptarlos a tu perfil, necesidades y horizonte temporal.
  - Ofrecen ventajas fiscales en muchos países.

Ventajas

- Tú eliges el riesgo.
- Puedes diversificar entre varios productos.
- Suelen ser portables y personalizables.

- **Alternativas no tradicionales**
  - Inversiones inmobiliarias para generar renta pasiva.
  - Negocios semiautomatizados o digitales.
  - Propiedad intelectual (libros, licencias o arte).
  - Inversión en dividendos, *crowdfunding.*

Caso real: Ana tiene sesenta años. Con sus ahorros ha comprado dos pisos pequeños en un barrio a las afueras de su ciudad para alquilar. Con ese ingreso pasivo, más una cuenta de ahorro remunerada, espera cubrir el 70 % de su jubilación sin depender del sistema público.

Casos de personas que diseñaron su retiro a medida

Caso 1: El retiro progresivo

Claudia era consultora de *marketing* en una empresa internacional. A los cincuenta años decidió reducir su jornada para ir adaptándose a la jubilación y solicitó teletrabajar. Aumentó sus ingresos pasivos con dividendos y los intereses generados por sus ahorros de los últimos veinte años. A los sesenta años dejó de trabajar por completo. Se mudó de Madrid a un bonito pueblo costero del sur de España, viaja con frecuencia y colabora con el departamento de comunicación de varias ONG.

Nota: No necesitas dejar de trabajar de golpe. Puedes planificar una transición suave si diversificas tus ingresos y ajustas tu estilo de vida con tiempo.

Caso 2: El retiro activo

Jorge es un profesor universitario jubilado. Él diseñó su vejez como una etapa de emprendimiento lento. Da cursos online, escribe libros y asesora a jóvenes. Gana menos que antes, pero trabaja por placer y sin presión, y sigue generando ingresos.

Nota: Jubilarse no siempre es dejar de producir. Es tener la opción de hacer lo que te apasiona y a tu ritmo.

Caso 3: El retiro global

Isabel dejó San Sebastián para ser psicóloga en Nueva York durante años. Invirtió en fondos de inversión y acciones de empresas internacionales. A los cincuenta y cinco años vendió su pequeño apartamento de Brooklyn y compró uno en su ciudad natal. Ahora su jubilación le permite una vida libre y tranquila.

Nota: La jubilación no tiene por qué ser local. Hay países con mejor calidad de vida y menores costes para disfrutar de esta etapa plenamente.

Ahora cierra los ojos y visualiza tu vida a los sesenta y cinco años con libertad económica. ¿Dónde estás? ¿Qué haces nada más despertarte? ¿A qué dedicas tu energía? Siente esa realidad como posible y luego actúa en consecuencia.

CONCLUSIÓN

La jubilación no es una fecha, sino un proyecto de vida. No es el final de tu historia, sino un capítulo que puedes escribir con total libertad si lo planificas desde hoy. No importan tu edad actual ni tus ingresos, cualquier paso que tomes en la dirección correcta tendrá su efecto. Pensar en tu bienestar futuro es una forma de cuidar tu presente.

18

DINERO SEGURO, LEGADO FUTURO

Uno de los pilares de la gestión de elevados patrimonios es la planificación sucesoria. Las grandes fortunas no solo se enfocan en ganar dinero, sino también en mantenerlo y transferirlo eficientemente a las siguientes generaciones. Para ello, aplican estrategias que integran aspectos fiscales, legales, emocionales y empresariales. Vamos a explorar cómo realizan las grandes fortunas su planificación sucesoria, qué herramientas utilizan y qué podemos aprender de ellas, incluso aunque solo contemos con unos pocos ahorros.

La visión a largo plazo de las grandes fortunas

El objetivo de las familias a las que he visto que les ha ido muy bien con sus finanzas no es solo que los hijos hereden dinero, sino que también hereden claridad, valores, educación financiera y estructuras que permitan que el legado perdure. No es raro encontrar planes sucesorios que abarcan tres o incluso cuatro generaciones. Muchas de estas familias se preguntan cosas como las siguientes:

- ¿Cómo podemos evitar disputas futuras?
- ¿Cómo aseguramos que nuestros hijos y nietos gestionen bien lo que estamos construyendo hoy?
- ¿Cómo dejamos un legado que vaya más allá del dinero?

Por eso, en lugar de dejar la herencia «para más adelante», se preparan con antelación. La planificación sucesoria no solo reduce la carga fiscal, sino que también protege a los herederos, previene conflictos presentes y futuros, y permite una transición ordenada.

Herramientas para la planificación sucesoria

1. **Testamentos claros y actualizados:** Todo empieza por aquí. Un testamento bien redactado evita

disputas, acelera trámites y refleja la voluntad del titular del patrimonio. Las grandes fortunas no solo redactan uno; lo van revisando periódicamente, sobre todo tras cambios legales o familiares (nacimientos, matrimonios, divorcios o fallecimientos).

2. **Fideicomisos o *trusts*:** Permiten transferir activos a un tercero (fiduciario), que los administra para uno o varios beneficiarios. En teoría protegen el patrimonio, permiten ejercer control y evitan procesos sucesorios largos y costosos. Digo en teoría porque yo no soy fiscalista, y además hay que tener en cuenta las legislaciones de cada país, así que recomiendo que este punto lo consultes con abogados o economistas fiscalistas.

3. **Donaciones estratégicas en vida:** Transferir parte del patrimonio en vida puede optimizar la carga fiscal, facilitar el traspaso y permitir supervisar cómo gestionan los recursos los herederos. También puede servir como ensayo para ceder responsabilidades. Lo ideal es hablarlo con un asesor fiscal.

4. **Protocolo familiar:** Documento no legal pero altamente valioso. Define las reglas internas de la

familia empresaria: cómo se toman decisiones, cómo se incorporan nuevos miembros, cómo se resuelven conflictos. Promueve la cohesión y la transparencia. Tú puedes crear con tu familia el tuyo.

5. **Testamento vital o directrices anticipadas:** En caso de enfermedad grave, este documento permite dejar claro qué tipo de tratamientos se aceptan o rechazan. También puede incluir instrucciones sobre el manejo de negocios o bienes si la persona queda incapacitada.

Casos prácticos y errores comunes

- **Caso real:** La familia Guzmán estructuró un *holding* empresarial con tres ramas: inmobiliaria, industrial y financiera. A través de donaciones progresivas, los hijos fueron adquiriendo participaciones mientras los padres les enseñaban sobre gestión. Hoy, la tercera generación ya participa activamente y el patrimonio se ha multiplicado.
- **Caso de error común:** Dejar todo a partes iguales sin analizar las circunstancias. En la familia García, el padre dejó su empresa a sus tres hijos por igual. Uno era parte activa del negocio, los otros

no. En menos de dos años, la empresa quebró por falta de liderazgo claro y conflictos de intereses entre ellos.

- **Otro error frecuente:** No hablar de dinero por miedo a generar conflictos. La falta de comunicación genera incertidumbre y divisiones. La planificación sucesoria y patrimonial también es emocional.

He aquí algunas ideas prácticas:

- No esperes a tener «mucho dinero» para planificar. Cuanto antes se empiece, más eficiente será la estrategia.
- Habla con tu familia. El diálogo evita sorpresas, conflictos y resentimientos.
- Busca asesoramiento especializado: fiscalistas, abogados de sucesiones, notarios y asesores financieros.
- Revisa tu testamento al menos cada cinco años o tras cambios significativos.
- Protege a tus seres queridos no solo con dinero, sino con claridad y transparencia.

CONCLUSIÓN

La planificación sucesoria no es solo para multimillonarios. Es una muestra de responsabilidad, amor y previsión. Permite proteger lo que habéis construido tú o tus padres, incluso tus abuelos. Te evita disgustos innecesarios y te asegura que tu legado, sea cual sea su tamaño, sirva como puente entre generaciones, y no sea una fuente de conflicto. Pensar hoy en el futuro es una de las decisiones más inteligentes que puedes tomar. Porque construir riqueza es solo la mitad del camino. Saber transmitirla es lo que diferencia a las familias que prosperan de generación en generación de aquellas que lo pierden todo en pocos años.

19

CÓMO DEJAR TU LEGADO VIVO DESPUÉS DE MUERTO. EL GOBIERNO FAMILIAR

Hay familias que desarrollan lo que se conoce como «gobierno familiar»: un conjunto de prácticas, reuniones, estructuras y documentos que les permite gestionar su patrimonio de manera organizada, participativa y orientada a largo plazo.

Como te comentaba en el capítulo anterior, el gobierno familiar no solo trata de inversiones o negocios. También se ocupa de transmitir valores, definir el legado de la familia, educar a las nuevas generaciones y mantener la armonía en la toma de decisiones. En las familias de alto poder adquisitivo, el dinero no se administra en soledad: se conversa, se comparte y se planifica con visión de futuro. Este fue uno de los aspectos que más me llamó la atención cuando empecé a ayudar a familias de grandes patrimonios de Estados Unidos y, sobre todo, de algunos países de Latinoamérica; se sientan y debaten sobre qué intereses tienen los distintos miembros, incluso sobre si quieren seguir con el legado empresarial de la familia o dedicarse a otra cosa; opinan todos sobre en qué les interesa más invertir y dónde, etc. La comunicación en la familia y hablar de dinero es de vital importancia, se tenga mucho o poco. Ahora me doy cuenta de que eso vale oro.

Una de las primeras características del gobierno familiar es que todos los miembros están implicados de alguna forma, incluso los más jóvenes. La educación financiera se introduce desde temprana edad no solo para aprender a ahorrar, sino también para entender el patrimonio como una responsabilidad compartida. Se enseña a leer balances, entender activos y pasivos, analizar rentabilidades, e incluso a debatir sobre principios éticos relacionados con la inversión o el consumo. Te animo a hacer lo mismo con tu familia; puede ser de gran utilidad.

Las familias con gobiernos bien establecidos suelen tener una agenda clara: se reúnen de manera periódica —algunas cada trimestre, otras una vez al mes— para revisar el estado de las inversiones, de los negocios familiares, los gastos importantes y los proyectos a futuro.

Estas reuniones pueden ser formales, con presentaciones y documentos previos, o más relajadas, dependiendo de la cultura interna de cada familia. Lo importante es que no se deja el patrimonio al azar.

En estas reuniones que he presenciado, he visto de primera mano que estas familias también fomentan la toma de decisiones conjunta. Por ejemplo, si se va a comprar una nueva propiedad, a crear una fundación o a vender una empresa, todos los miembros de la familia participan en la evaluación de la decisión. Se valora tanto el criterio económico como el impacto social y familiar.

Además, se asignan roles según las capacidades e intereses de cada uno de ellos. No todos tienen que ser inversores o empresarios. Algunos miembros pueden encargarse del área legal, otros de la filantropía, y otros del seguimiento presupuestario o de los viajes familiares. Lo importante es que todos tengan un espacio de acción y responsabilidad.

Una herramienta clave en muchas de estas familias es la constitución familiar, un documento que no es legal, pero sí profundamente simbólico y operativo. En él se recogen los valores familiares, las normas para tomar decisiones, los objetivos comunes, los mecanismos de resolución de conflictos, y los protocolos de sucesión.

Caso real con nombres ficticios: La familia Gutiérrez ha acumulado un patrimonio de más de veinticinco millones de euros tras tres generaciones de empresarios en el sector industrial. Hace cinco años decidieron formalizar un gobierno familiar. Cada seis meses, todos los hijos y nietos mayores de catorce años se reúnen para revisar el estado de las inversiones.

Tienen subcomités: uno se encarga de revisar oportunidades inmobiliarias, otro de la gestión de la fundación benéfica familiar. Para los adolescentes hay un programa de educación financiera interna donde aprenden a presupuestar, invertir con simuladores y asistir a sesiones con asesores reales. Uno de los nietos, que quiere ser chef, gestiona el presupuesto del área de celebraciones familiares. La familia ha logrado mantenerse unida, activa y enfocada a pesar de que hay miembros viviendo en diferentes países. Aunque todos son muy distintos, y tienen intereses y edades diferentes, todos reman a favor de la misma cosa: mantener y proteger el patrimonio familiar.

Ideas para implementar un gobierno familiar, incluso aunque tengas pocos recursos

1. **Organizar una reunión familiar mensual o trimestral:** Reúne a todos los miembros adultos (y

jóvenes menores si es posible) para hablar de temas económicos. Comparte cifras, gastos y planes. No es necesario revelar todo, pero sí fomentar la transparencia en la familia.

2. **Asignar las responsabilidades de cada uno:** Uno puede llevar el control del presupuesto, otro investigar e informarse sobre nuevas inversiones, otro llevar el seguimiento de los ahorros. Así todos participan y se involucran.

3. **Definir una misión familiar:** ¿Qué valores os unen? ¿Cuál es la visión de futuro que compartís? ¿Qué significa el dinero para cada uno de vosotros?

4. **Crear un fondo común:** Puede ser para viajes, estudios, proyectos benéficos o imprevistos familiares. Generará cohesión y propósito compartido.

5. **Desarrollar una carpeta o biblioteca virtual financiera** que incluya libros, artículos o documentos que todos puedan consultar.

6. **Hacer simulaciones financieras con tus hijos:** Crear juegos o simuladores donde aprendan cómo funcionan los ingresos, gastos, deudas e inversiones.

7. **Planificar el legado:** Aunque no se tenga una fortuna, es importante hablar sobre testamentos, seguros de vida, herencias y deseos personales, independientemente de la buena salud de la que todos gocen o de la edad que tenga cada uno de los miembros de la familia.

Preguntas que cada familia debería hacerse para iniciar su gobierno familiar

– ¿Qué tipo de decisiones económicas afectan a todos los miembros?

– ¿Qué valores queremos que se reflejen en nuestras decisiones de gasto e inversión?

– ¿Cómo podemos educar a los más jóvenes sin generarles miedo ni presión?

– ¿Qué mecanismos usaremos para resolver los desacuerdos financieros?

– ¿Qué queremos preservar y qué queremos cambiar respecto a cómo se ha manejado el dinero en nuestra familia hasta ahora?

– ¿Tenemos metas comunes (ahorro, inversión, bienestar)? Y ¿cómo haremos el seguimiento?

– ¿Qué queremos dejar como legado, más allá del dinero?

CONCLUSIÓN

El gobierno familiar es más que una estructura, es una herramienta de conexión, continuidad y crecimiento colectivos. No se trata de imitar a las grandes fortunas, sino de adoptar los principios y adaptarlos a tu realidad. En una época en que la incertidumbre es constante, tener una familia que habla de finanzas con franqueza, planificación y visión es una verdadera ventaja competitiva y emocional. Porque el dinero, bien gestionado, puede ser un puente hacia los sueños de varias personas, no tiene por qué ser una fuente de conflicto, y porque tu legado importa.

20

QUERIDO ADOLESCENTE: TU DINERO ES TU LIBERTAD ¡Y NO SE HABLE MÁS!

Si tienes más de veinte años, este capítulo no es para ti..., pero sí es uno de los más importantes de este libro. Así que, si quieres, léelo y luego compártelo con cada adolescente de tu entorno: tus hijos, tus sobrinos, tus ahijados, tus alumnos o cualquier adolescente a tu alrededor, sea familia o no. Regálales una herramienta para el futuro y el conocimiento que todos hubiéramos querido tener a su edad. Está escrito para aquel que quizá aún no trabaja, pero ya toma decisiones; que aún no tiene una hipoteca, pero ya tiene sueños; que todavía vive con sus padres, pero ya imagina su futuro. Aquí va mi carta.

Querido adolescente:

Nadie te enseña esto en el colegio, pero sería bueno que lo supieras.

El dinero no es malo. Tampoco es bueno. Es solo una herramienta y, como toda herramienta, puede servir para construir libertad o para atraparte. Tu libertad empieza cuando aprendes a usar el dinero con inteligencia, con intención y sin miedo.

En primer lugar, quiero aclarar dos cuestiones importantes: qué es el dinero y para qué sirve realmente. El dinero NO es un fin, es un medio. Tampoco mide tu valor, sino tu capacidad de elegir. El dinero no compra felicidad, pero sí te da opciones. Y, por último, decirte que el dinero no debería controlar tu vida, sino que debería ayudarte a diseñarla.

Me gustaría hablarte de una serie de errores comunes que puedes evitar desde bien joven. Son los siguientes:

1. Gastar todo lo que tienes: Lo que hoy parece poco, mañana puede ser mucho si lo cuidas.
2. Querer aparentar: No vale la pena impresionar con cosas que no necesitas a gente que te conoce o que no. Te perjudica más que te beneficia.
3. No preguntar: Te invito a que hables con tus pa-

dres, profesores o adultos de confianza todo lo que quieras saber sobre dinero, ahorros y finanzas en general. Entender el dinero forma parte de tu crecimiento y cambiará tu vida de adulto, por muy lejana que te parezca ahora.

4. Pensar que el dinero no importa: Porque el dinero sí que importa, afecta a tus decisiones, a tu salud, a tu tiempo, a tu futura vida laboral y a tu tranquilidad.

También aprovecho para tomarme la libertad de sugerirte **pequeños hábitos que te pueden dar grandes resultados:**

- Lleva un cuaderno de gastos o anótalos en el bloc de notas del móvil: Cada euro cuenta. Aprende a mirar tu dinero.
- Ahorra algo siempre: Aunque sean dos euros, cinco euros o lo que puedas. Es cuestión de disciplina, no de cantidad. De vez en cuando siéntate a revisar lo que tienes sin obsesionarte.
- Piensa antes de comprar: ¿Lo quiero de verdad? ¿Lo necesito? ¿Puedo esperar?

Oirás a muchas personas hablar de libertad financiera, pero **¿Qué significa ser libre?** Al menos para mí, ser libre es poder elegir cosas tan importantes como: en qué trabajas, dónde vives, qué proyectos apoyas y con quién pasas tu tiempo. Y para eso necesitas saber cómo cuidar, multiplicar y usar tu dinero con sentido.

Ahora te quiero contar dos casos reales de adolescentes y jóvenes que he conocido en mis años trabajando en el sector financiero (todos con nombres ficticios, por supuesto). Espero que alguna de estas dos historias te sea de utilidad.

Gabi, de Madrid, con diecisiete años, comenzó a hacer bolsos a mano y a venderlos en tiendas de su barrio. Aprendió a presupuestar, ahorró para su primer ordenador tipo *gamer* y a los dieciocho años se apuntó a un curso de diseño que siempre había querido hacer. Ahora, con veintitrés años, vende sus bolsos online a través de su propia página web. Tiene beneficios y su primera cuenta de ahorro. No, no se ha hecho millonaria, como nos venden en las redes sociales, pero tiene buen control de sus finanzas y ha aprendido antes que la mayoría el significado del ahorro y de saber presupuestar. Y le está yendo mejor que al resto de sus amigos en lo que a ahorro y tranquilidad se refiere.

Eric, de Barcelona, con dieciocho años, empezó anotando sus gastos semanales en una libreta. Descubrió que gastaba más de sesenta euros al mes en *snacks* y caprichos. Redirigió ese dinero a una cuenta de ahorro remunerada y, en diez meses, tenía dinero suficiente para pagar su primer viaje de fin de semana al extranjero con sus cinco mejores amigos.

Por último, quiero ofrecerte unos ejercicios prácticos y unas frases que pienso que te puede ir bien tener a mano:

EJERCICIO 1. **Crea tu «diario del dinero»** y, durante siete días, anota:

– Lo que gastas.
– Lo que recibes.
– Cómo te sientes con cada gasto.

EJERCICIO 2. **Escribe tres metas** en el bloc de notas de tu móvil o en una libreta:

– Algo que quieres comprar pronto.
– Algo que quieres hacer dentro de un año.
– Algo que quieres lograr antes de los veinticinco años.

Ahora piensa: ¿Qué puedes empezar a hacer hoy para acercarte a esas metas?

EJERCICIO 3. **Pregunta a tres adultos de tu entorno:**

– ¿Qué te hubiera gustado saber sobre dinero cuando tenías mi edad?
– ¿Qué hubieras hecho distinto hoy?
– ¿Qué pensabas del dinero a mi edad y qué piensas ahora?

– ¿Qué consejo me darías sobre finanzas? Sobre lo que quieras: ahorros, préstamos, lo que sea que creas que me puede ayudar.

A continuación, escucha, anota, aprende sobre ello y relee cada cierto tiempo todo lo que hayas escrito al respecto.

Frases para recordarte de vez en cuando:

– «Quien domina el dinero, domina su libertad».
– «Gasta en lo que te acerca a tu futuro, no en lo que te aleja de él».
– «El dinero es un sirviente perfecto, pero un mal amo».
– «Empieza pequeño, pero empieza ya. Y paso a paso».

CONCLUSIÓN

En definitiva, no necesitas ser rico para empezar. Necesitas informarte (mira vídeos o escucha pódcasts de expertos en la materia, pero expertos de verdad), y necesitas comenzar ahora. Con lo que tengas, por poco que sea. Tu «yo» del futuro te lo va a agradecer, porque tú no estás aquí solo para pagar facturas; estás para, entre muchas otras cosas, crear, impactar y vivir tu vida con propósito, tu propósito. Y eso empieza con aprender a usar el dinero como aliado. Y, si tienes dudas, habla con tus padres. El dinero no es un tema tabú y nunca debería serlo. Disfruta del proceso del ahorro para llegar a tener libertad financiera. Ese es el verdadero lujo.

Con cariño para ti, adolescente.

CRISTINA CAMPABADAL

21

EJERCICIOS Y TEST SIN EL ELEFANTE EN TU HABITACIÓN FINANCIERA

Después de todo lo leído en este libro, me gustaría hacerte reflexionar todavía un poco más y enseñarte algunos cuestionarios que pienso que pueden ser de gran utilidad para tu día a día, tanto a modo de recordatorio como de motivación para enfrentarte al elefante en tu habitación financiera. Recurre a ellos siempre que lo necesites.

Estos test no están pensados para juzgarte ni para darte respuestas absolutas. Son tan solo herramientas de reflexión.

- Respóndelos con sinceridad, no con lo que crees que sería lo correcto.

- No busques el resultado perfecto, busca información útil.
- Si una pregunta te incomoda, probablemente señale algo importante.
- Repite los test al cabo de un tiempo y observa tu evolución.
- Usa los resultados para tomar decisiones más conscientes, no para castigarte.

Tener dudas no significa hacerlo mal. Significa que estás prestando atención. Y prestar atención ya es una forma de mejorar tu relación con el dinero.

TEST 1. ¿Estoy en el momento adecuado para invertir?

Este test te ayudará a evaluar si, por tu situación financiera y emocional, estás en el momento adecuado para empezar a invertir.

1. ¿Tengo un fondo de emergencia que cubra al menos tres meses de gastos? SÍ ☐ NO ☐
2. ¿Mis ingresos son estables y previsibles? SÍ ☐ NO ☐
3. ¿Tengo mis deudas bajo control o son inexistentes? SÍ ☐ NO ☐
4. ¿Invierto dinero que no necesitaré a corto plazo? SÍ ☐ NO ☐

5. ¿Entiendo, aunque sea a grandes rasgos, dónde pongo mi dinero? SÍ ☐ NO ☐
6. ¿Soy consciente de que invertir implica riesgo y posibles pérdidas? SÍ ☐ NO ☐
7. ¿Podría mantener la calma si mis inversiones bajasen temporalmente? SÍ ☐ NO ☐
8. ¿Tengo objetivos claros para invertir? SÍ ☐ NO ☐
9. ¿Me permite mi situación financiera asumir cierta incertidumbre? SÍ ☐ NO ☐
10. ¿Quiero invertir con una visión de medio o largo plazo? SÍ ☐ NO ☐

Resultados

- Si la mayoría de las respuestas son «No»:
  - Antes de invertir, fortalece tu base financiera.
  - Aprende lo básico sin prisas.
  - No invertir todavía es una decisión responsable.

- Si la mayoría de las respuestas son «Sí»:
  - Estás en buena posición para empezar poco a poco.
  - Prioriza la diversificación y el largo plazo.
  - Revisa tus inversiones con calma y constancia.

TEST 2. ¿Debería pedir un préstamo?

Antes de pedir un préstamo, hazte estas preguntas y responde con franqueza. Cuantas más respuestas afirmativas des, mayor será tu preparación para tomar esta decisión.

1. ¿Necesito este préstamo para algo realmente importante o es algo prescindible? SÍ □ NO □
2. ¿Tengo claro el importe exacto que necesito y para qué lo voy a usar? SÍ □ NO □
3. ¿Podría cubrir este gasto con mis ahorros sin quedarme sin protección? SÍ □ NO □
4. ¿Son mis ingresos estables y suficientes para asumir una cuota mensual fija? SÍ □ NO □
5. ¿Sé cuánto pagaré en total, incluidos intereses y comisiones? SÍ □ NO □
6. ¿Encaja la cuota del préstamo cómodamente en mi presupuesto mensual? SÍ □ NO □
7. ¿Me queda un fondo de emergencia después de pedir el préstamo? SÍ □ NO □
8. ¿He comparado distintas opciones antes de decidirme por este préstamo? SÍ □ NO □
9. ¿Entiendo las condiciones del préstamo y sus posibles riesgos? SÍ □ NO □
10. Si mi situación económica empeora, ¿tendría margen para seguir pagando? SÍ □ NO □

Resultados

– Si la mayoría son «No»:
  - No es el mejor momento para endeudarte.
  - Prioriza ordenar tus gastos y crear un fondo de emergencia.
  - Gana tiempo: no decidir también es una decisión válida.

– Si la mayoría son «Sí»:
  - El préstamo puede ser una herramienta útil.
  - Asegúrate de comparar opciones y entender bien las condiciones.
  - Mantén un margen de seguridad en tu presupuesto.

TEST 3. ¿Estoy en el momento adecuado o en situación de comprarme una vivienda?

Comprar una vivienda es una de las decisiones financieras más importantes. Este test te ayudará a reflexionar si es el momento adecuado para ti o no.

1. ¿Tengo ahorrado el dinero necesario para la entrada y los gastos iniciales? SÍ □ NO □
2. ¿Mis ingresos son estables y previsibles a medio plazo? SÍ □ NO □

3. ¿Encajaría cómodamente la cuota de la hipoteca en mi presupuesto mensual? SÍ ☐ NO ☐
4. ¿Podría seguir pagando la hipoteca si mis ingresos bajaran temporalmente? SÍ ☐ NO ☐
5. ¿Me queda un fondo de emergencia después de comprar la vivienda? SÍ ☐ NO ☐
6. ¿Planeo vivir en esta vivienda varios años? SÍ ☐ NO ☐
7. ¿He comparado diferentes hipotecas y condiciones? SÍ ☐ NO ☐
8. ¿Entiendo los costes asociados a la vivienda (impuestos, comunidad, mantenimiento)? SÍ ☐ NO ☐
9. ¿Encaja esta decisión con mi estilo de vida y mis planes futuros? SÍ ☐ NO ☐
10. ¿Estoy tomando esta decisión por convicción y no por presión externa? SÍ ☐ NO ☐

Resultados

– Si la mayoría son «No»:
  - Comprar ahora puede generarte más estrés que estabilidad.
  - Refuerza ahorro, estabilidad y claridad de planes.
  - Esperar también es avanzar.

– Si la mayoría son «Sí»:
  - Puedes plantearte la compra con prudencia.
  - Revisa bien los costes totales.
  - No comprometas toda tu tranquilidad financiera.

TEST 4. ¿Tengo mis finanzas bajo control?

Estas preguntas te ayudarán a evaluar si tu relación con el dinero es consciente, ordenada y está en consonancia con tu vida.

1. ¿Sé exactamente cuánto dinero entra y sale cada mes? SÍ ☐ NO ☐
2. ¿Llevo algún tipo de control de mis gastos, aunque sea sencillo? SÍ ☐ NO ☐
3. ¿Tengo un fondo de emergencia para imprevistos? SÍ ☐ NO ☐
4. ¿Están mis deudas bajo control o no tengo deudas? SÍ ☐ NO ☐
5. ¿Ahorro de forma regular, aunque sea poco? SÍ ☐ NO ☐
6. ¿Entiendo los productos financieros que utilizo? SÍ ☐ NO ☐
7. ¿Tomo decisiones financieras basadas en información y no solo por impulso? SÍ ☐ NO ☐
8. ¿Mis finanzas me generan más tranquilidad que estrés? SÍ ☐ NO ☐
9. ¿Tengo objetivos financieros claros? SÍ ☐ NO ☐
10. ¿Reviso mi situación económica de forma periódica? SÍ ☐ NO ☐

Resultados

- Si la mayoría son «No»:
  - Es buen momento para parar y ordenar sin culpas.
  - Empieza por lo básico: ingresos, gastos y ahorro.
  - Pequeños cambios sostenidos marcan la diferencia.

- Si la mayoría son «Sí»:
  - Tu base financiera es sólida.
  - Mantén tus hábitos y revisa periódicamente.
  - Aprovecha esta estabilidad para planificar objetivos.

TEST 5. ¿Cómo es mi relación emocional con el dinero?

Este test no trata de números ni de conocimientos financieros. Está pensado para ayudarte a detectar miedos, bloqueos o incomodidades relacionados con el dinero, las finanzas, o situaciones como el mero hecho de ir al banco.

1. ¿Evito mirar mis cuentas por miedo a lo que pueda encontrar? SÍ ☐ NO ☐
2. ¿Me genera ansiedad hablar de dinero con profesionales (banco, gestor, asesor)? SÍ ☐ NO ☐

3. ¿Siento que el dinero es un tema complicado o que no es para mí? SÍ ☐ NO ☐
4. ¿Pospongo decisiones financieras por inseguridad o miedo a equivocarme? SÍ ☐ NO ☐
5. ¿Asocio el dinero más con estrés que con tranquilidad? SÍ ☐ NO ☐
6. ¿Siento inseguridad o poca confianza cuando entro en un banco o hablo de finanzas? SÍ ☐ NO ☐
7. ¿Prefiero no preguntar para no parecer ignorante? SÍ ☐ NO ☐
8. ¿Siento culpa o vergüenza al pensar en mi situación económica? SÍ ☐ NO ☐
9. ¿Evito aprender sobre dinero porque me abruma? SÍ ☐ NO ☐
10. ¿Me gustaría tener una relación más tranquila y consciente con mis finanzas? SÍ ☐ NO ☐

Resultados

- Si muchas respuestas son «Sí», probablemente el problema no sea el dinero, sino la emoción asociada a él.
- Si muchas respuestas son «No», tu relación con el dinero es más funcional de lo que crees.
- Si la última pregunta es un «Sí», ya hay una motivación para mejorar.

Este test sirve más para pensar sobre las respuestas que para tomar una decisión concreta.

DOS TEST EN PAREJA

Cómo realizar los dos test siguientes

- Responded juntos, con calma y sin prisas.
- No busquéis respuestas perfectas, sino sinceras.
- Si una pregunta genera incomodidad, es una oportunidad para hablar.
- No se trata de quién lo hace mejor, sino de cómo mejorar como equipo.
- Podéis repetir este test al cabo de un tiempo y observar cómo habéis evolucionado.

Recuerda que gestionar bien el dinero en pareja no significa pensar igual, sino aprender a tomar decisiones juntos desde el respeto y la transparencia.

TEST 6. ¿Cómo gestionamos nuestro dinero juntos?

Este test está pensado para abrir conversaciones sinceras, tomar mejores decisiones y conoceros mejor en vuestra forma de vivir y gestionar el dinero.

1. ¿Tenemos claro cuánto gana cada uno y cuánto aportamos a los gastos comunes? SÍ ☐ NO ☐
2. ¿Hemos hablado abiertamente de nuestras deudas, ahorros e ingresos? SÍ ☐ NO ☐
3. ¿Tenemos acuerdos claros sobre cómo repartimos los gastos? SÍ ☐ NO ☐
4. ¿Compartimos objetivos financieros comunes (ahorrar, viajar, comprar vivienda, invertir)? SÍ ☐ NO ☐
5. ¿Respetamos las decisiones financieras individuales del otro? SÍ ☐ NO ☐
6. ¿Tenemos un sistema acordado para gestionar el dinero en común? SÍ ☐ NO ☐
7. ¿Hablamos de dinero sin discusiones frecuentes o tensiones constantes? SÍ ☐ NO ☐
8. ¿Estamos en consonancia en nuestro nivel de gasto y ahorro? SÍ ☐ NO ☐
9. ¿Tenemos un plan para imprevistos financieros como pareja? SÍ ☐ NO ☐
10. ¿Revisamos periódicamente nuestra situación económica juntos? SÍ ☐ NO ☐

Resultados

– Si la mayoría son «No»:
  - Hay conversaciones pendientes.
  - Evitad reproches y buscad acuerdos claros.
  - Plantearos buscar ayuda externa si el tema genera bloqueo.

– Si la mayoría son «Sí»:
  - Funcionáis como equipo.
  - Revisad los acuerdos de vez en cuando.
  - Celebrad los logros compartidos.

TEST 7. ¿Cómo hablamos de dinero?

Este test no evalúa cuánto sabéis de finanzas, sino cómo os comunicáis cuando el tema es el dinero. La forma en que se habla de dinero en pareja influye directamente en las decisiones que se toman.

1. ¿Podemos hablar de dinero sin que la conversación termine en discusión? SÍ ☐ NO ☐
2. ¿Escuchamos el punto de vista del otro sin ponernos a la defensiva? SÍ ☐ NO ☐
3. ¿Nos sentimos cómodos expresando miedos o inseguridades económicas? SÍ ☐ NO ☐

4. ¿Abordamos el tema del dinero cuando hace falta? SÍ ☐ NO ☐
5. ¿Respetamos que cada uno tenga una relación distinta con el dinero? SÍ ☐ NO ☐
6. ¿Somos capaces de llegar a acuerdos cuando no pensamos igual? SÍ ☐ NO ☐
7. ¿Hablamos de errores financieros sin reproches constantes? SÍ ☐ NO ☐
8. ¿Tomamos decisiones económicas importantes después de hablarlo juntos? SÍ ☐ NO ☐
9. ¿Evitamos usar el dinero como arma en las discusiones? SÍ ☐ NO ☐
10. ¿Sentimos que somos un equipo cuando se trata de dinero? SÍ ☐ NO ☐

Resultados

– Si la mayoría son «No»:
  - El problema no son los números, sino la comunicación.
  - Buscad espacios tranquilos para hablar.
  - Practicad escuchar sin poneros a la defensiva.

– Si la mayoría son «Sí»:
  - Tenéis una comunicación sana.
  - Mantened ese espacio de confianza.
  - Usad el diálogo como herramienta preventiva.

Me gustaría añadir unos primeros pasos para perder el miedo al dinero, en caso de que lo tengas

1. Empieza por mirar, no por decidir.
2. Haz preguntas aunque te parezcan básicas.
3. Divide los temas financieros en pasos pequeños.
4. Recuerda que nadie nace sabiendo de dinero.
5. La tranquilidad financiera empieza por la comprensión, no por el control.
6. Perder el miedo al dinero no significa dominarlo todo, sino sentir que puedes mirarlo sin huir.

Anexo de trabajo

Aquí te dejo unos ejercicios para poner en práctica todo lo aprendido en el libro:

Ejercicio 1. Diario financiero de siete días

Objetivo: Desarrollar autoconciencia sobre tus hábitos de gasto e inversión.

Actividad: Durante una semana, registra diariamente:

1. En qué has gastado dinero.
2. Qué decisiones financieras has tomado (ahorros, pagos e inversiones).
3. Cómo te has sentido con esas decisiones.

Reflexión final: ¿Has actuado más como una persona paciente y racional, o como una impulsiva? ¿Qué podrías mejorar?

Ejercicio 2. Plan de acción de treinta días para mejorar tu salud financiera

Objetivo: Crear hábitos diarios que te acerquen a tus metas financieras.

Actividad: Durante los próximos treinta días:

Día 1: Define tu objetivo financiero más importante.

Día 2: Crea un presupuesto mensual.

Día 3: Revisa tus gastos fijos y busca un gasto que puedas recortar.

Día 4: Abre una cuenta separada para tu fondo de emergencia.

Día 5: Investiga sobre un instrumento de inversión.

Día 6: Haz una compra usando una lista previa (sin impulsos).

Día 7: Día sin gastar absolutamente nada.

Días 8-30: Repite hábitos útiles y anota reflexiones.

Cuando termines, responde a lo siguiente: ¿qué ha cambiado en mi comportamiento? ¿Qué quiero mantener?

Ejercicio 3. Mapa de patrimonio personal

Objetivo: Visualizar claramente tu situación financiera actual.

Actividad: Dibújalo en una hoja de papel o usa una aplicación para crear tu «Mapa de patrimonio».

1. **Activos:** dinero en cuentas, propiedades, vehículos e inversiones.
2. **Pasivos:** deudas, préstamos y tarjetas de crédito.
3. **Patrimonio neto:** activos y pasivos.

Si puedes, actualízalo cada seis meses para ver tu evolución.

Ejercicio 4. Reto de ahorro por objetivos

Objetivo: Crear el hábito de ahorrar con una motivación concreta.

1. Elige un objetivo (viaje, ordenador nuevo o un fondo de inversión inicial).
2. Fija una cantidad y una fecha para alcanzarlo.
3. Divide en aportaciones semanales o quincenales.

Hazlo divertido: cada vez que alcances un minihito, date una pequeña recompensa (sin sabotear el ahorro, claro).

CONCLUSIÓN

Tener una buena relación con el dinero no significa no equivocarse nunca, sino saber parar, revisar y corregir cuando haga falta. Si este libro te ha ayudado a hacerte mejores preguntas, entonces ya ha cumplido su función. Cuida tu dinero, pero sobre todo cuida la tranquilidad desde la que tomas tus decisiones.

22

COGE LAS RIENDAS DE TUS FINANZAS HOY Y ¡BUENA SUERTE!

Ya hemos llegado al final. ¡Has hecho un gran trabajo hasta aquí! Te dejo, a modo de resumen, veinte ideas para el día a día con todo lo comentado en el libro:

1. Si gastas menos de lo que ganas, ya estás haciendo algo bien.
2. Ahorra primero y luego organiza tus gastos con lo que quede.
3. Si necesitas financiarlo, pregúntate si de verdad lo necesitas.
4. Los pequeños gastos no son tan pequeños cuando se repiten.

5. Antes de invertir, asegúrate de tener un colchón de tranquilidad.
6. No todas las deudas son malas, pero muchas se pueden evitar.
7. Ganar más no siempre significa vivir mejor.
8. Dedica un rato al mes a mirar tus números, sin miedo.
9. Disfruta del presente sin olvidarte de tu yo del futuro.
10. Si no lo entiendes, no es una buena inversión para ti.
11. La constancia suele ganar a los grandes esfuerzos puntuales.
12. Repartir el riesgo te da más estabilidad.
13. Tu tiempo también cuenta: úsalo con intención.
14. Ahorrar no es privarte, es cuidarte.
15. Compararte con otros casi nunca ayuda a tus finanzas.
16. Cuando ganes más, intenta no gastarlo todo.
17. Tener objetivos claros hace que decidir sea más fácil.
18. Dormir tranquilo vale más que aparentar éxito.
19. Equivocarse es parte del aprendizaje financiero.
20. El mejor plan es el que encaja contigo y con tu vida.

A lo largo de este intenso recorrido, hemos abordado los pilares esenciales para construir unas finanzas personales sólidas, estratégicas y en consonancia con una buena mentalidad financiera. Cada capítulo ha tenido como objetivo empoderarte con herramientas concretas y principios atemporales, basados en el aprendizaje de muchos años de experiencia y de observar cómo lo hacen aquellos a quienes les va bien en lo que a las finanzas se refiere.

Este libro ha sido un viaje hacia el interior para ver el dinero de un modo nuevo, porque las finanzas son más que cifras, son una representación de nuestras decisiones, de nuestras prioridades y de nuestra forma de ser y de vivir. Porque la libertad financiera no es un destino, sino una práctica diaria. Una actitud. Un compromiso con uno mismo y con lo que uno desea construir.

Ahora solo me queda decirte: ¡Enhorabuena por invertir en ti y por tomar el control de tu vida económica con valentía, conciencia y responsabilidad, habiendo leído este libro! ¡Enhorabuena también por enfrentarte al elefante de tu habitación financiera y coger las riendas de tu economía! Y, si en algún momento dudas, recuerda: no necesitas saberlo todo para empezar, solo necesitas dar el primer paso.

Te deseo lo mejor,

CRISTINA CAMPABADAL

Glosario

El diccionario que jamás te dio tu banco

Como el lenguaje de las finanzas es el primer paso para un mejor control sobre tu dinero, he decidido elaborar este minidiccionario-glosario resumen, en el que defino algunos de los conceptos financieros más habituales, explicados de forma sencilla, para que así te animes a coger las riendas de tu vida financiera y sacar al elefante de la habitación.

Acciones: Pequeñas partes de una empresa. Al comprarlas, te conviertes en propietario de una parte de ella.

Activo: Cualquier cosa que tienes y que puede generar

dinero o valor en el futuro. Por ejemplo: una vivienda, dinero en una cuenta, acciones o inversiones.

Ahorro: Parte del dinero que no gastas y que guardas para el futuro.

Análisis fundamental: Estudio de una empresa y su situación económica para valorar si es una buena inversión.

Análisis técnico: Análisis de gráficos y precios pasados para intentar anticipar movimientos futuros.

Apalancamiento financiero: Invertir utilizando dinero prestado, lo que puede aumentar tanto las ganancias como las pérdidas.

Beta: Medida que indica cuánto se mueve una inversión respecto al mercado.

Bolsa (o **bolsa de valores**): Es un mercado organizado y regulado donde se compran y venden instrumentos financieros, principalmente acciones (participaciones en empresas) y también bonos, fondos cotizados (ETF) y otros valores. Funciona como un punto de encuentro —hoy casi totalmente digital— entre quienes quieren invertir su dinero y quienes buscan financiación (empresas o entidades públicas). Su precio no lo fija una sola persona, sino que se determina continuamente por la oferta y la demanda: si mucha gente quiere comprar, el precio sube; si mucha quiere vender, baja.

Bonos: Préstamos que haces a gobiernos o empresas.

A cambio, te pagan intereses y te devuelven el dinero al final.

Bonos del Estado: Deuda pública a medio y largo plazo emitida por el Estado.

Broker: Intermediario o plataforma que permite comprar y vender inversiones.

Capitalización: Valor total de una empresa en el mercado financiero.

Capitalización bursátil: Valor total de una empresa en bolsa, calculado multiplicando el precio de una acción por el número total de acciones.

Cartera de inversión: Conjunto de inversiones que tiene una persona.

Comisiones: Costes que cobran las entidades financieras por ofrecer ciertos servicios.

Coste de oportunidad: Lo que dejas de ganar al elegir una opción frente a otra.

Criptomonedas: Dinero digital que se basa en tecnología *blockchain*.

Cuenta corriente: Cuenta bancaria para el día a día, donde se recibe el sueldo o los ingresos y se pagan los gastos habituales.

Cuenta de ahorro: Cuenta diseñada para guardar dinero y obtener un pequeño interés a cambio.

Depósito a plazo: Producto bancario en el que dejas tu dinero durante un tiempo fijo a cambio de un interés conocido.

Diversificación: Estrategia que consiste en repartir el dinero en distintas inversiones para reducir riesgos.

Dividendos: Parte de los beneficios que reparte una empresa entre sus accionistas.

Dow Jones: Índice formado por treinta grandes empresas estadounidenses.

Educación financiera: Conocimientos que permiten tomar mejores decisiones con el dinero.

ETF: Tipo de fondo de inversión que se compra y se vende en bolsa como si fuera una acción.

Euro Stoxx 50: Índice bursátil que reúne las cincuenta empresas más grandes y representativas de la zona euro.

Euríbor: Índice de referencia que se utiliza para calcular muchas hipotecas en Europa.

Fiscalidad: Conjunto de impuestos que afectan al ahorro y la inversión.

Fondo de emergencia: Ahorros reservados para imprevistos; normalmente abarca entre tres y seis meses de gastos.

Fondo indexado: Fondo que replica un índice bursátil. Su objetivo no es ganar más que el mercado, sino seguirlo.

Fondos de inversión: Inversiones colectivas donde muchas personas ponen su dinero para que un profesional lo invierta en distintos activos.

Fondos monetarios: Fondos que invierten en activos muy seguros y líquidos.

Hipoteca: Préstamo a largo plazo para comprar una vivienda, usando la propia casa como garantía y pagando con intereses.

Horizonte de inversión: Tiempo durante el cual planeas mantener una inversión.

IBEX 35: Índice bursátil de España que agrupa las treinta y cinco principales empresas españolas que cotizan en la bolsa de España.

Inflación: Subida general de los precios que hace que el dinero pierda poder de compra con el tiempo.

Inflación subyacente: Medida de inflación que excluye productos muy volátiles como energía o alimentos.

Interés compuesto: Intereses que generan nuevos intereses con el paso del tiempo. Es el motor del crecimiento a largo plazo.

Interés nominal: Tipo de interés anunciado sin tener en cuenta otros costes o comisiones.

Inversión: Uso del dinero para intentar que crezca con el tiempo, asumiendo cierto riesgo.

Inversión a largo plazo: Invertir pensando en varios años, aprovechando el crecimiento con el tiempo.

IPO: Salida a bolsa de una empresa por primera vez.

Letras del Tesoro: Deuda pública a corto plazo emitida por el Estado.

Liquidez: La facilidad con la que algo puede convertirse en dinero disponible. El efectivo es el activo más líquido.

Mercado alcista: Periodo en el que los precios de los activos tienden a subir.

Mercado bajista: Periodo en el que los precios de los activos tienden a bajar.

Minusvalía: Pérdida que se produce al vender un activo por menos de lo que costó.

NASDAQ: Índice bursátil estadounidense con fuerte peso de las empresas tecnológicas del país.

Pasivo: Todo lo que debes o los compromisos de pago que tienes. Por ejemplo: una hipoteca, un préstamo o una deuda de tarjeta de crédito.

Patrimonio: Es lo que realmente tienes. Se calcula restando lo que debes (pasivos) a lo que posees (activos).

PER: Indicador que compara el precio de una acción con sus beneficios.

Perfil de riesgo: Nivel de riesgo que una persona está dispuesta a asumir al invertir.

Plan de pensiones: Producto de ahorro a largo plazo pensado para complementar la jubilación.

Planificación financiera: Organización del dinero para alcanzar objetivos vitales y económicos.

Plusvalía: Ganancia obtenida al vender un activo por un precio mayor al de compra.

Préstamo personal: Dinero que te presta una entidad

financiera para distintos fines y que se devuelve en cuotas.

Ratios financieros: Indicadores numéricos que ayudan a evaluar la salud financiera de una empresa.

Rebalanceo de cartera: Ajuste periódico de las inversiones para mantener la estrategia inicial.

Renta fija: Inversiones que ofrecen pagos más estables, como bonos del Estado o letras del Tesoro.

Renta variable: Tipos de inversiones cuyo valor puede subir o bajar; no sabes de antemano cuánto puedes ganar ni si vas a ganar o a perder. Por ejemplo, las acciones.

Rentabilidad: El beneficio que obtienes por invertir tu dinero. Se suele expresar en porcentaje.

Riesgo financiero: Posibilidad de que una inversión no salga como esperas o genere pérdidas.

Riesgo país: Probabilidad de que un país no cumpla con sus obligaciones financieras, como pagar su deuda. Cuanto más alto es, más desconfianza generan sus decisiones económicas, políticas o sociales y más caro le resulta financiarse, lo que puede repercutir en tus inversiones.

S&P 500: Índice que representa a las quinientas empresas más importantes de Estados Unidos.

Seguros de ahorro: Productos que combinan ahorro y protección frente a determinados riesgos.

***Stop Loss*:** Orden automática para vender una inversión si baja demasiado, a fin de limitar pérdidas.

TAE (Tasa anual equivalente): Es el porcentaje que refleja el coste o la rentabilidad real de un producto financiero en un año, incluyendo no solo el interés, sino también comisiones y la frecuencia de pago.

Take Profit: Orden automática para vender cuando se alcanza una ganancia determinada.

Tarjeta de crédito: Medio de pago que permite comprar ahora y pagar más adelante, normalmente con intereses.

Tarjeta de débito: Tarjeta que descuenta el dinero directamente de tu cuenta bancaria.

Tipo de interés: Porcentaje que se paga por pedir dinero prestado o que se gana al invertir.

Tipo de interés fijo: Interés que no cambia durante toda la vida del préstamo o inversión.

Tipo de interés variable: Interés que puede subir o bajar según el mercado o un índice de referencia.

TIR (Tasa interna de retorno): Es el porcentaje de rentabilidad que genera una inversión teniendo en cuenta todo el dinero que entra y sale a lo largo del tiempo.

Valor liquidativo: Precio de cada participación de un fondo de inversión.

Volatilidad: Cuánto sube y baja el precio de una inversión. A mayor volatilidad, más cambios y más incertidumbre.